과학사를 알면 과학이 재밌어!
❶ 과학자의 탄생

1판 1쇄 발행 2025년 9월 19일 | 1판 2쇄 발행 2025년 12월 15일

글 김성화 권수진 | 그림 조승연 | 발행처 와이즈만 BOOKs | 발행인 염만숙
출판사업본부장 김현정 | 편집 김예지 양다운 이지웅
기획·책임편집 임형진 | 디자인 권석연 | 마케팅 강윤현 장하라

출판등록 1998년 7월 23일 제1998-000170 | 제조국 대한민국
주소 서울특별시 서초구 남부순환로 2219 나노빌딩 5층
전화 마케팅 02-2033-8987 편집 02-2033-8983 | 팩스 02-3474-1411
전자우편 books@askwhy.co.kr | 홈페이지 mindalive.co.kr | 사용연령 8세 이상
ISBN 979-11-92936-64-2 74400 979-11-92936-63-5(세트)

ⓒ 2025, 김성화 권수진 조승연 임형진
이 책의 저작권은 김성화, 권수진, 조승연, 임형진에게 있습니다.
저자와 출판사의 허락 없이 내용의 일부를 인용하거나 발췌하는 것을 금합니다.
잘못된 책은 구입처에서 바꿔 드립니다.

와이즈만 BOOKs는 ㈜창의와탐구의 출판 브랜드입니다.
KC마크는 이 제품이 공통안전기준에 적합하였음을 의미합니다.

김성화·권수진 글 × 조승연 그림

① 과학자의 탄생

석기 시대 – 1599년

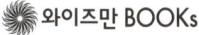

와이즈만 BOOKs

석기 시대부터

- **01** 인류에게는 호기심 유전자가 있어 ___007
- **02** 과학이 생겨나기 전에… ___015
- **03** 최초의 과학자, 탈레스 ___021
- **04** '생각'만 하지 말고 '관찰'을! ___031
- **05** 막대기 하나로 지구의 둘레를 재다 ___045
- **06** 드디어 실험이 시작되다 ___060
- **07** 세상 만물이 무엇으로 되어 있을까? ___079
- **08** 화학자의 조상, 연금술사 ___088

1599년까지

- **09** 인체의 신비를 벗겨라 ___101

- **10** 해부학자 베살리우스,
   무덤에서 시체를 훔치다 ___121

- **11** 작은 지구가 커다란 태양을 도는 게 옳아! ___135

- **12** 새로운 별을 발견한 튀코 브라헤 ___157

- **13** 지구는 거대한 자석이야! ___174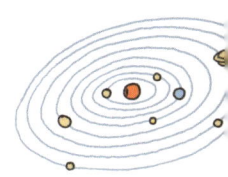

- **14** 갈릴레오, 최초로 망원경을
   하늘로 치켜들다 ___193

01

인류에게는 호기심 유전자가 있어

옛날 옛날에는 과학이 없었어.
그렇다고 자연에 대해
궁금한 게 없었던 건 아니야.
원시인들도 알고 싶은 게 많았다니까.

그리고 100만 년 뒤…
지구에 살고 있는 아이들도 궁금한 게 많아.

그건 아닐걸.
인간에게는 누구나 호기심 유전자가 있고,
질문하는 뇌가 있어.

세상 모든 아이들이 질문을 해.
1920년대에 심리학자 프랭크 로리머가
4살짜리 아이를 4일 동안 관찰하며

질문을 모두 기록했는데

질문이 모두 40개나 되었어.

질문을 하는 동물은
인간밖에 없어.

호랑이는 힘이 세고

독수리는 하늘을 멋지게 날고

침팬지는 똑똑하지만

사람만이
심각하게 질문을 한다니까.

무한한 호기심과
질문할 줄 아는 능력 덕분에

맨손으로 열매를 따고

돌도끼를 만들고

동굴에서 잠을 자던
인간이

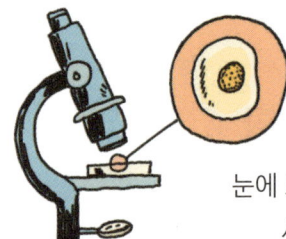

이제는
눈에 보이지도 않는 작디작은
세포의 비밀을 캐고

깜깜한 우주 공간을 가로질러
달에 우주선을 보내고

위대한 발걸음!

인공 지능을 발명하게 되었어!

인간은
세계를 이해하려는 호기심과
그걸 끈질기게 파헤칠 수 있는
의지와 능력을 가진

동물이야.

그래서

사자가 인간을
연구하는 게 아니라,

인간이 사자를
연구하는 거야!

하지만 이걸 잊으면 안 돼.
인류가 별이 반짝이는 이유를 알게 된 것이
고작 100년 전이라는 걸 말이야.

알베르트 아인슈타인

이 이야기는
원시인 시절부터 끊임없이 이어져 온

인류의 파란만장한 호기심의 역사야.

300만 년쯤 전,
원시인 세계에도 아인슈타인이 있었어.

이름 없는 원시인이
돌멩이로 다른 돌 하나를
비스듬히 내리쳤어!
그랬더니
날카로운 돌조각이
떨어져 나오지 않았겠어?

먼 훗날
고고학자들에게 발견되어
뗀석기라 불리게 될
위대한 도구

시시하게 보인다고?
아니!
인간이 자연을 배우고
자연을 변형할 수 있다는 것을 깨달은 최초의 순간이야.
도구라곤 구경도 해 본 적 없는 인류에게
어느 날 손에 쥘 수 있는
거대한 인공 이빨이 생긴 거야.

그건 최초의 도구였어.
그것만 있으면
고기와 가죽을 마음대로 자르거나 썰 수 있었어.

그리고 150만 년쯤 뒤,
원시인은 불을 발견했어.

벼락이 떨어져 숲에 불이 났을 때
누군가가 불씨를 동굴로 가져왔을지 몰라.

마침내 스스로 불을 피우는 방법을 알게 되기까지
오랜 시간이 걸렸지만
불을 다루게 된 덕분에
인류는 빙하 시대에도 무사히 살아남았어.

세월이 흘러 흘러 1만 년쯤 전에
떠돌이 사냥꾼 인간은
마을을 이루고 정착해 농부가 되었어.
농사를 짓는 건 몹시 힘든 일이야.
하루 종일 뼈가 부서져라 일해야 했거든.

식량이 늘고 인구가 늘었어.
늘어난 인구를 먹여 살리느라

농사를 더 크게 짓고
마을이 점점 커져.
도시가 생겨나!

북적북적
사람들이 도시에 모여 살아.
다양한 직종에 종사해.
수백만 년 동안 인류에게는
똑같은 직업밖에 없었는데

농사를 짓고 식량을 저장한 덕분에
사고팔고, 바꾸고,

셈을 하고, 글자를 발명하고,
도시에 다양한 일을 하는 사람들이 생겨나.
대장장이, 장사하는 사람, 그릇 굽는 사람,
신발 만드는 사람, 기록하는 사람,
군인, 왕, 제사장, 철학자 들이 생겨났어.

최초의 과학자, 탈레스

기원전 600년쯤, 지중해 근처에
유난히 북적북적, 시끌시끌한 도시가 있었어.
고대 그리스의 밀레투스라는 곳이야.

사람들이
장사를 하고 공부를 하고 여행을 하러
밀레투스로 몰려들어.
이곳에 탈레스가 살았어.

탈레스는 실험을 하지도 않았고,

무언가를 발견한 것도 아니야.
매일매일 하늘을 보며 공상만 했다니까.

그럼 탈레스는 왜
최초의 과학자가 되었을까?

옛날 옛날에 사람들은
신들이 자연을 다스린다고 생각했어.
신이 기분이 좋으면
농사가 잘되고
신을 언짢게 하면
무시무시한 일이 일어나.
가뭄, 폭풍, 전쟁, 지진, 전염병을 일으키는 게
모두 신의 탓이야.

날씨가 나쁘면

지진이 나면

탈레스는
오래 전부터 있었던 익숙한 생각에
최초로 의문을 품었어.

그리고 인류 최초로
괴상하고 놀라운 생각을 해.
인간의 머리로

탈레스는 이집트를 여행하고

바빌론에서
수학과 천문학을 배웠어.

탈레스는
여러 나라에서 많은 것을 보고 들었는데
들은 대로 믿지 않고,
자기의 눈으로 관찰하고
스스로 생각했어.

새로운 생각을 품는다는 건
어려운 일이야.
그런데 탈레스가 그걸 했다는 거야.

탈레스는 자연 현상에 대해
올바른 의문을 품었어.

탈레스는
궁금한 것이 점점 더 많아졌어.

그러다가 가장 궁금한 것이 생겼는데
바로 바로 이거야.

탈레스는 확신하기를,
세상이 물로 되어 있다는 거야!

지구는 끝없이 광대한 물위에 떠 있고

물이 변해서
나무와 돌, 사람이 되었어!

푸하하,
그렇게 황당한 생각을 한 사람이
최초의 과학자라고?
위대한 과학자야!

탈레스는 틀렸어.
하지만
옳아.
자연의 비밀을 찾아보려 시도했기 때문이야.
탈레스는 인류 최초로
자연의 복잡한 현상을 추론하고
설명하려고 했어!

과학은 올바른 질문을 던지고
틀린 답을 계속 계속 바로잡아 가는 학문이야.

인류의 역사에 과학이 시작되었어!

'생각'만 하지 말고 '관찰'을!

돌이 왜 땅으로 떨어질까?

인류는 수백만 년 동안
돌이 아래로 떨어지는 것을 보았지만
아무도 궁금해하지 않았어.

돌멩이를 손에서 놓으면 언제나 아래로 떨어져.
만약에
중력에 대해 한번도 들어 본 적이 없다면,
어떻게 알겠어?
돌이 왜 아래로 떨어지는지.

그런데 누군가 돌이 땅으로 떨어지는 데는
이유가 있다고 말했어. 그것도 진지하게….

아리스토텔레스에 따르면,
불길이 위로 타오르는 건
하늘이 불의 고향이기 때문이고

강물이 바다로 흘러가는 건
바다가 물의 고향이기 때문이야.

돌, 불, 물이 어디론가로 움직이는 이유는
자기가 원래 있던 곳으로 가기 위해서라는 거야!
아리스토텔레스는
움직이는 모든 것은
목적이 있다고 말했는데

염소가 걷는 것은 풀을 찾기 위해서이고

생쥐가 뛰는 것은 도망가기 위해서

말이 수레를 끄는 건 짐을 옮기기 위해서이고

비가 내리는 건 식물이 자라기 위해서야.

식물이 자라는 건 염소가 먹기 위해서지.

말도 안 된다고?
하지만 이 세상 모든 일이 일어나는 건
다 이유가 있지 않겠어?

옷에 구멍이 나는 것도

감기에 걸리는 것도

다 이유가 있다는 말씀!
아리스토텔레스는 자연의 모든 것을

그런 결론에 이르렀어.

이것은 위대한 생각이야.
아리스토텔레스 덕분에
과학의 수레바퀴가 구르기 시작해!

하지만
자연을 관찰한다는 건
결코 쉬운 일이 아니야.
자연이라는 거대한 방에서
아리스토텔레스는 맨 처음 무얼 했을까?

아리스토텔레스는 자연을 **분류**했어!

같은 종류끼리 묶고 이름을 달아 주었어.
아리스토텔레스는 500종이 넘는 동물을 분류했는데
고래를 물고기에 넣지 않은 건
놀라운 관찰력이야.

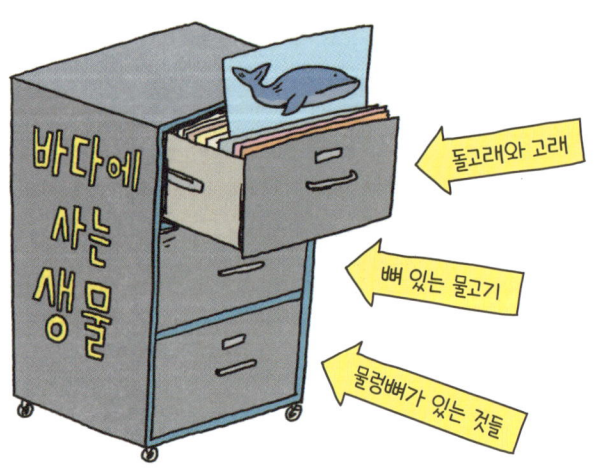

아리스토텔레스는 자연의 모든 것을 관찰했어.
동물, 식물, 지구, 별, 행성, 화산, 기후….

세상 모든 것을 열심히 관찰한 끝에
아리스토텔레스는 알게 되었어.

자연에서는 모든 것이 변해.

사람이 늙고
장작이 타올라 재가 되고
새가 여기서 저기로 날아가.

강물이 흐르고
바람이 불고

모든 것이 시시각각 변해.
아리스토텔레스가 소리쳐.

세상 모든 변화에는 자연스러운 변화와 급격한 변화가 있다!

자연스러운 변화와 급격한 변화?

무슨 말일까?
자연스러운 변화란
저절로 일어나는 변화를 말해.

돌멩이가 원래 있던 곳으로 돌아가는 변화야.
자연스러운 변화를 거슬러
돌멩이를 위로 들어 올리려면

바깥에서 **힘**을 주어야만 해.
급격한 변화야!

아리스토텔레스는 일평생 변화에 대해 연구했는데
변화에 관한 학문을
최초로 **물리학**이라 불렀어.

날아가는 것

타오르는 것

떨어지는 것

굴러가는 것

자라는 것

모두 모두 변화야.
아리스토텔레스에게는
닭의 알이 병아리로 변하는 것도 물리학이야!

아리스토텔레스는
변화하는 모든 것을 연구하여
170건의 글을 남겼어.
인류 역사를 통틀어
가장 많은 분야를 연구한 사람일걸.

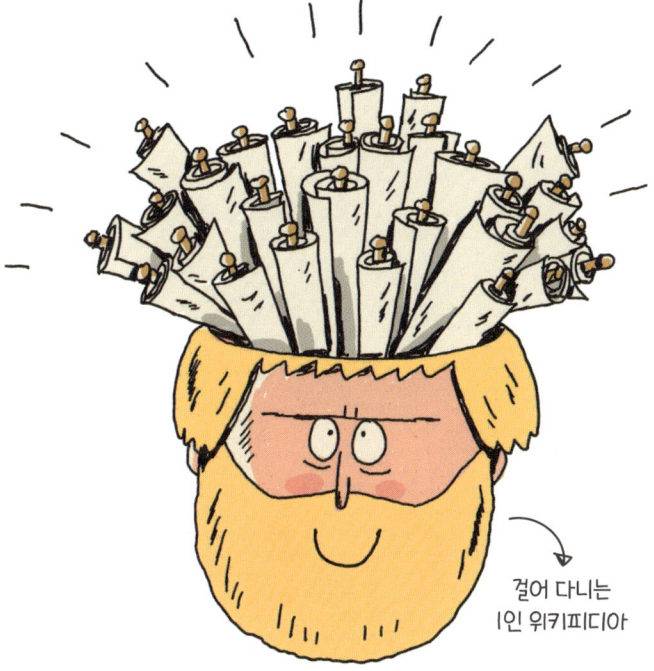

걸어 다니는
1인 위키피디아

하지만
아리스토텔레스는 자신의 물리학이
완전하지 못하다는 걸
잘 알고 있었어.
겸손하게
이런 글을 남겼거든.

나는 첫걸음을 내디뎠다.
부단한 생각과 힘든 노력을 통해
발견한 것이지만
그것은 작은 걸음일 뿐.
후세의 사람들은
부디 나의 모든 생각과 이론을
관대하게 판단해 주기를….

막대기 하나로 지구의 둘레를 재다

지금부터 2200년쯤 전에
이집트의 항구 도시 알렉산드리아에
에라토스테네스라는 사람이 살고 있었어.

에라토스테네스
세계 최고 알렉산드리아
도서관의 관장,
천문학자이자 역사학자,
지리학자, 철학자, 시인,
평론가 그리고 수학자!

에라토스테네스는 별명이 '베타'였어.
그리스 알파벳의 두 번째 글자 β야.
왜냐고?

모든 분야에서
둘째가는 사람

에라토스테네스는 호기심이 너무 많아서
모든 학문을 연구하느라
어느 1가지 분야에서도 최고가 되지 못한다고
친구들이 놀리며 그렇게 불렀어.

그러던 어느 날 에라토스테네스는
황당한 생각을 하게 되었어.
지구의 크기를 재겠다는 거야!

아니!
에라토스테네스는 막대기 하나로
지구의 둘레를 재려 해.

막대기 하나로 지구의 둘레를 재겠다고?
그게 가능한 일일까?

그때는 지구의 크기는커녕,
지구의 모양도 제대로 모르던 때였어!

사람들은 오랫동안
지구가 네모나고 편평하다고 믿었어.
배를 타고 바다로 멀리 멀리 나가면
절벽 끝에 다다라
아래로 떨어져 버릴 것이라고 말이야.

하지만 에라토스테네스와 몇몇 지혜로운 사람들은
지구가 둥글 것이라고 올바로 생각했어.

그렇게 생각한 이유는

첫째,
배가 항구로 들어올 때
멀리서 돛의 꼭대기부터 보이기 시작하고
바다로 나갈 때는

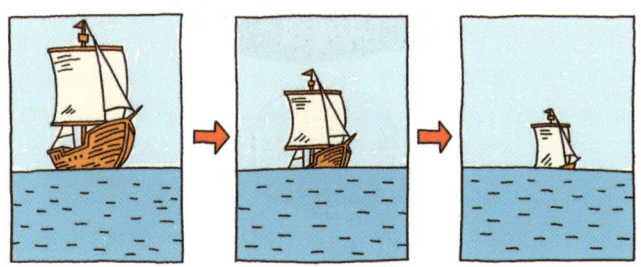

돛의 꼭대기가 맨 마지막에 사라진다는 거야.

둘째,
여행가들에 따르면
북쪽에서 보이는 별이 남쪽 나라에서는 보이지 않고
남쪽에서 보이는 별이 북쪽 나라에서는 보이지 않아.

그 밖에도 많지만
지구가 편평하다면 도무지 설명할 수 없는 일들이야.

에라토스테네스는 지구가 둥글 것이라고 확신했어!

이제 막대기가 필요해!

해가 머리 꼭대기에 오는 정오에
에라토스테네스는 땅바닥에 막대기를 꽂고
그림자의 길이를 쟀어.
해가 떠 있다면 모든 물체는 그림자가 생겨.

그런데 이상하게도
남쪽의 어느 도시에서는
하짓날 정오에 그림자가
완전히 사라져 버린다는 거야!

같은 날 같은 시각에
왜 어떤 곳에서는 그림자가 있고,
어떤 곳에서는 그림자가 사라질까?

지구가 편평하다면
어디서나 그림자의 길이가 같아야 해.

지구가 둥글다면
곳에 따라 그림자의 길이가 달라져.

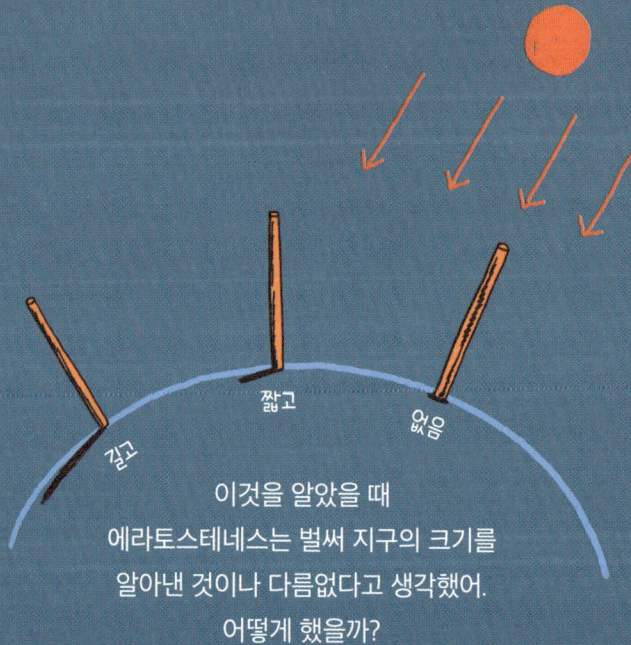

길고   짧고   없음

이것을 알았을 때
에라토스테네스는 벌써 지구의 크기를
알아낸 것이나 다름없다고 생각했어.
어떻게 했을까?

에라토스테네스는
막대기가 지구 중심까지
계속 계속 계속 이어진다고 상상했어.

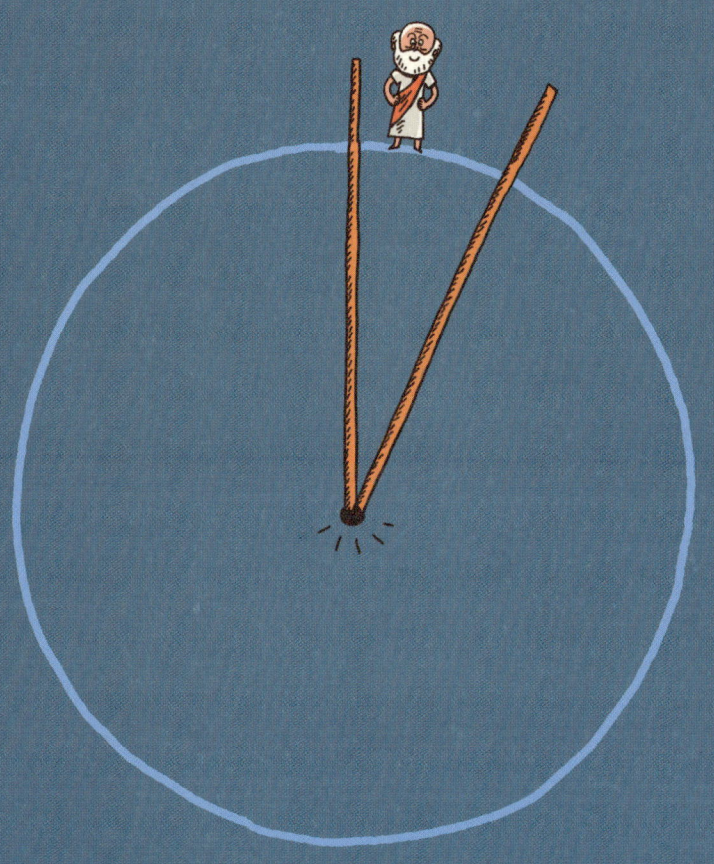

그리고 거대한 지구를
단순한 도형으로 바꾸어 버려!

**이것은 과학의 역사에서
가장 위대한 아이디어 중 하나야.**

이제 기하학으로 지구의 크기를 알 수 있어.
어려워 보인다고?
기하학을 조금만 배우면 누구나 할 수 있어.
에라토스테네스는

기하학을 이용해 꼭지각이 7.2도라는 것을 알아냈어.

7.2도는 원의 전체 각, 360도의 50분의 1이야.

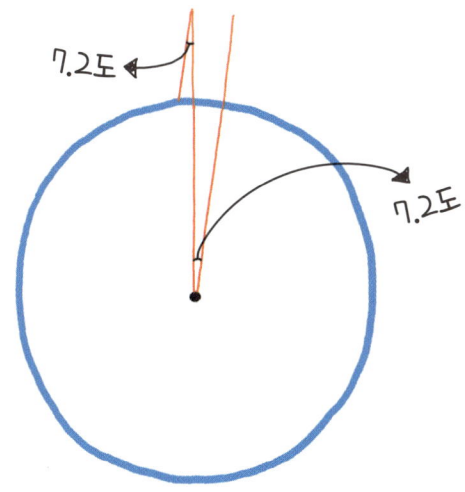

그건 바로, 알렉산드리아에서 시에네까지 거리가
지구 둘레의 50분의 1이라는 말이야!

하지만 그때는 알렉산드리아에서 시에네까지의
거리를 정확히 아는 사람이 아무도 없었어.

하인의 발걸음 수로 계산해 보았더니
알렉산드리아에서 시에네까지의 거리는
고대 그리스의 길이 단위로 5,000스타디아였어.
에라토스테네스는 그것의 50배, 25만 스타디아가
지구의 둘레라고 말했어.
지금의 길이 단위로 바꾸면 46,250km,
오늘날 인공위성으로 측정한
지구의 둘레 40,075km와 거의 비슷해!
제대로 된 측정 도구도 없었던 시대에
연필과 막대기 하나로 계산한 값이라니
놀랍지 않아?

드디어 실험이 시작되다

여기는
이탈리아의 시라쿠사 왕궁.

시라쿠사의 왕, 히에론 2세와 아르키메데스가
논쟁을 벌여.

세상에서 순수하고 완벽한 이론보다 아름다운 것은 없지요.

아니, 지식이란 모름지기 쓸모가 있어야 하지!

아르키메데스
그리스의 전설적인 수학자이자
물리학자, 발명가

그렇다면 아름답고 쓸모도 있는 이론을 알려 드리지요!

그리고
아르키메데스는
2000년 뒤에까지 길이길이 전해질
엄청난 말을 해.

아르키메데스의 말은 사실이야.
아르키메데스는 간단하고 놀랍고 위대한
지레의 원리를 발견한 참이야.

막대기와 받침만 있으면
적은 힘으로
무거운 것을 들 수 있다!

받침에서 멀~~~~~리 떨어져서 누르면
아무리 무거운 것이라도 번쩍 들려.

지구가 들려!

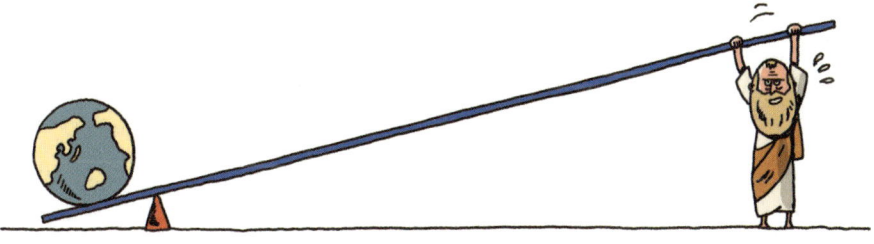

아르키메데스에 따르면 이렇게 된다는 거야.

지구 무게 × 받침까지 거리 = 사람 무게 × 받침까지 거리

물론 지구는
너무 무거워서,

지레의 원리에 따라 지구를 들려면
길이가 140,000,000,000,000,000,000,000km인
지렛대가 필요하고, 아래로 150광년 거리만큼 눌러야 해.
지구를 든다는 건 이론으로만 가능한 일이야.
하지만 지레의 원리에 따르면

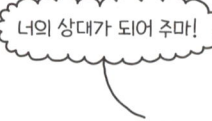

너의 상대가 되어 주마!

생쥐와 코끼리가 얼마든지
시소를 탈 수 있다니까.

자연의 법칙은 여간해서는 보이지 않고 드러나지 않아.
그런데 아르키메데스가 찾아냈어.
지레의 원리도 그중의 하나야.
막대기와 받침뿐인 지레 속에
그렇게 어마어마한 비밀이 숨어 있었다니!
아르키메데스는 어떻게 알았을까?

지레는 너무 편리해서 옛날부터 지금까지
곳곳에서 쓰이고 있어.

아르키메데스는
나사의 원리도 발견했다고 전해져.

나사가 없다면
자동차도, 우주선도, 로봇도 없어!

아르키메데스가 이집트를 여행하다가 발명한
스크루 펌프는 거대한 나사야.
아르키메데스는 농부들이 물동이로 힘들게
강물을 길어 나르는 것을 보고
스크루 펌프를 발명했는데

손잡이를 돌리면
철철 철철
강물이 위로 위로 올라와.

2000년이 지났지만 아직도 이집트 사람들은
아르키메데스의 발명품을 이용해
논밭에 물을 대고 있어.

하루는 시라쿠사의 히에론 2세가 또
아르키메데스를 불러.

왕은 나라에서 가장 뛰어난 금 세공사에게
금덩어리를 주고 왕관을 만들라 했는데

의심이 드는 거야.

이리저리 뜯어보고 무게를 달아 보아도
알 수 없었어.
세공사에게 준 금덩어리와
완성된 왕관의 무게가 같았거든.

왕관을 깨뜨리거나 부수지 않고
왕관이 순금인지,
불순물이 섞인 가짜인지 알 수 있을까?

아르키메데스가 알아냈을까?

아르키메데스가 씻지도 않고 먹지도 않고
왕관 생각에만 빠져 있으니
하인들이 목욕탕에 아르키메데스를 메고 갔어.

물이 가득 찬 욕조에 들어가면 물이 넘치는 건
누구나 아는 단순한 사실이야.
그런데 아르키메데스는
욕조 밖으로 흘러넘치는 물을 보고
위대한 발견을 해.

아르키메데스가 목욕을 하다가 깨달은 건
바로 이거야!

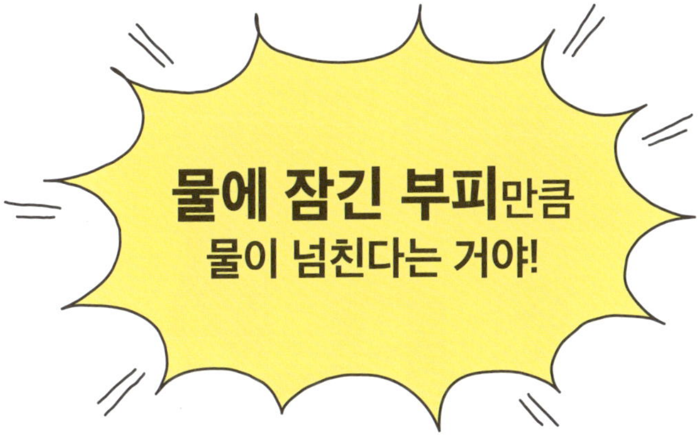

물에 잠긴 부피만큼
물이 넘친다는 거야!

아르키메데스는 당장 왕궁으로 달려갔어.

아르키메데스는
금덩어리를 물속에 넣고

왕관을 물속에 넣고

흘러나온 물의 양을 쟀어.

흘러나온 물의 양을 쟀어.

왕관을 넣은 쪽이 물이 더 많이 흘러넘쳐.
그건 왕관에 무언가가 섞였다는 뜻이야!
아르키메데스가 어떻게 알았을까?
세공사가 왕관에 넣은 것은 은이었어.
은은 금보다 가벼워.
세공사가 금을 덜어 내고 금 무게만큼 은을 채우느라
왕관의 부피가 더 커진 거야.
그래서 금덩어리보다 왕관이 물이 더 많이 흘러넘쳤어!

아르키메데스는 왕의 근심을
해결해 주었지만
금 세공사가 왕을 속였든지 말았든지
그런 건 관심이 없어.
아르키메데스의 머릿속에
새로운 생각이 뭉게뭉게 피어나.

아르키메데스는
물속에 금, 쇠, 나무, 기름, 사과를 빠뜨려 보았어.
물보다 얼마나 더 무거운지 얼마나 가벼운지
알려고 말이야.

쉿! 아르키메데스는 지금
실험을 수행하는 중이야.

아르키메데스는
자연의 수수께끼를 알아내기 위해
머릿속으로 실험을 고안하고 실행에 옮겼어.

그리고 여러 가지 물질을
물속에 담가 보는 실험으로
물질의 **밀도**라는 것을 처음으로 탐구했어.

부피는 같은데 무게가 달라.

물이 더 무거워.

물이 기름보다 **밀도**가 높아!
그래서 기름이 물에 뜨는 거야.
아르키메데스는 기름이 물에 뜨는 걸 당연하게만
생각하지 않고 이유를 파고들었어.

아르키메데스는
수학자, 물리학자, 공학자, 발명가, 천문학자로
과학의 역사에 일찍이
뛰어난 업적을 많이 남겼어.
그중에 몇 개만 소개하면

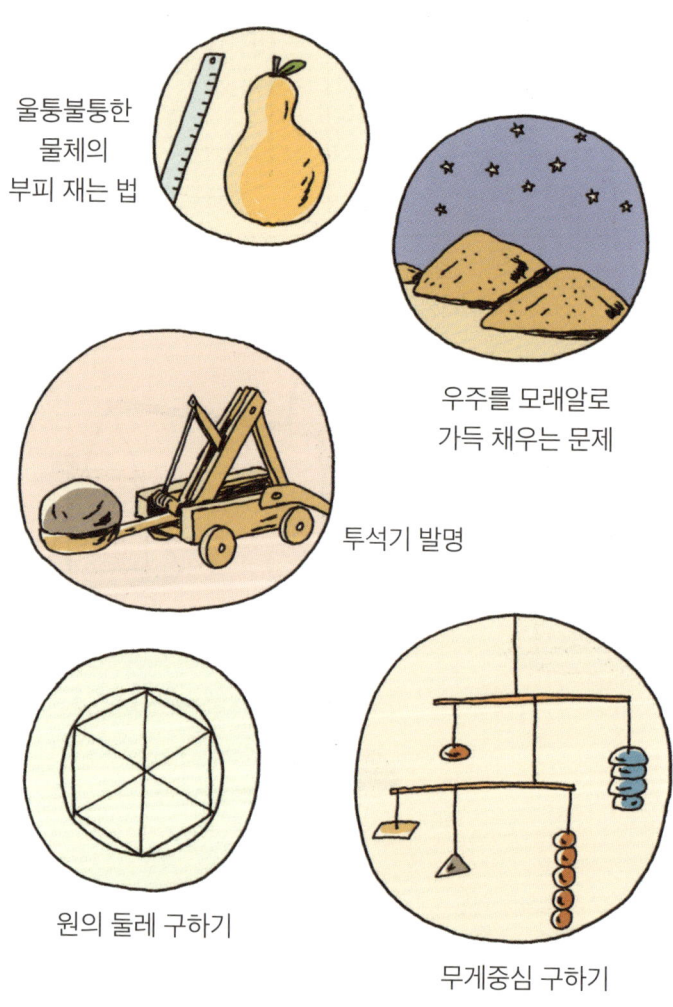

울퉁불퉁한
물체의
부피 재는 법

우주를 모래알로
가득 채우는 문제

투석기 발명

원의 둘레 구하기

무게중심 구하기

그 밖에도 수많은 업적이 있는데

일식과 월식을 관측하는 천문 기계를 만들고
지레와 도르래의 원리, 부력의 원리를 밝히고
흐르는 액체의 역학을 처음으로 연구했어.

아르키메데스가
남긴 책들

먼 훗날 만유인력의 법칙을 발견한 뉴턴이
자신은 거인들의 어깨 위에 서 있기 때문에
아주 멀리까지 내다볼 수 있었다고 말했는데,

아르키메데스가 바로 그런 거인들 중 한 명이야.
아마도 최초의 거인일걸.

기원전 212년, 로마 군대가 시라쿠사에 쳐들어왔어.
아르키메데스는 노인이 되어
집에서 기하학을 연구하고 있어.
마당에 원과 원기둥을 그리고 있을 때,
로마 병사가 아르키메데스를 체포하러 와.

화가 난 병사가 칼을 휘둘러.
위대한 아르키메데스가 죽음을 맞이해.

2000년이 지나 아르키메데스는
지금도 이탈리아의 영웅으로 기억되고 있어.

이탈리아 우표

07

세상 만물이 무엇으로 되어 있을까?

과학의 역사에
오래되고 심오한
질문이 하나 있었으니
그건 바로,

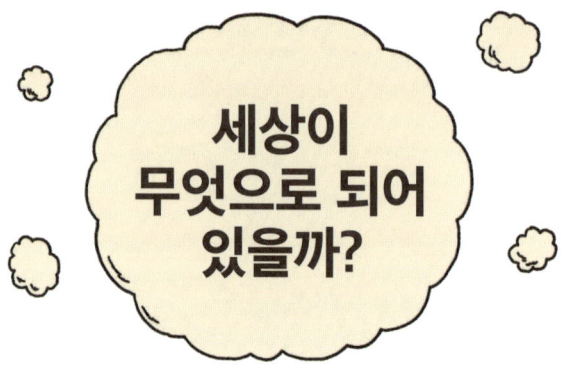

하는 거였어.
돌, 불, 꽃, 물, 먼지, 나무, 구름, 별, 개미, 사람 들이
다 무엇으로 만들어졌는지
궁금했다는 이야기야.

최초의 과학자 탈레스는 말했어.

하지만 탈레스의 제자 아낙시만드로스는
스승의 주장이 틀렸다고 생각했어.

그러면서 아낙시만드로스는 세상 모든 것이
'아페이론'에서 생겨나
아페이론으로 돌아간다고 했어.

아페이론이 뭐냐고?
알 수 없어.
그건 눈으로 볼 수 없고 만질 수도 없지만
우주 전체에 무한히 펼쳐져 있는 무언가라는 거야.

아낙시만드로스의 친구, 아낙시메네스는
아페이론이 너무 모호하다고 말했어.

왜냐하면 공기는 어디에나 있기 때문이야.
공기는 팽창하고 수축하는데
공기가 수축해 바람을 만들고,
더 수축하면 물이 되고, 더 수축하면 땅이 되고,
더 수축하면 바위가 된다고 생각했어.

어려운 글을 쓰기로 유명한 철학자
헤라클레이토스는 말하기를,

만물은 끝없이 변하지만
불은 영원하다는 거야.

또 엠페도클레스라는 사람이 있었는데
세상 만물의 재료가 될 물질이
1가지로는 부족하다면서 4가지를 말했어.

물, 불, 흙, 공기 4가지 원소가
끊임없이 변화하고 결합하여
세상 만물을 만들었다는 거야.

그런가 하면
데모크리토스라는 철학자는
세상에서 가장 작고
더 이상 쪼개지지 않는 알갱이를 상상했어.

그러고는 자신의 책《대우주 질서》를
광장에서 큰 소리로 읽어 주곤 했어.

2000년 뒤에,
데모크리토스의 원자론은
근대 과학자들을 통해
다시 부활하게 되지만

세상이 무엇으로 이루어져 있는가에 대한
몇 백 년 간의 대논쟁은
아리스토텔레스를 끝으로 막을 내려.
아리스토텔레스는 엠페도클레스의 생각을 받아들였어.

그리고 1가지를 덧붙였어.

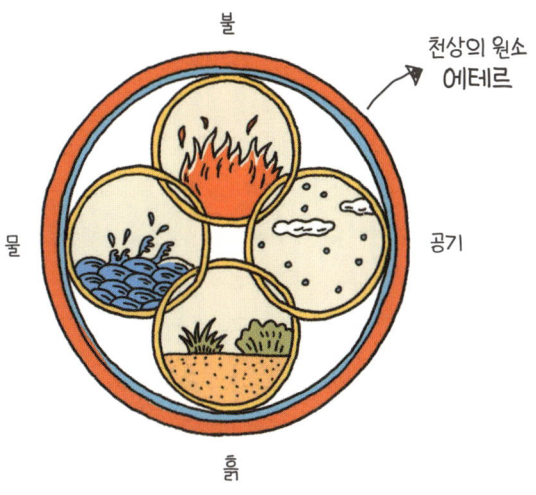

아리스토텔레스의 생각은
후대로 갈수록 더욱더 권위를 얻게 되었고,
그전까지의 주장을 모두 평정하고
진리로 등극하게 되었어.

하지만 훗날
아리스토텔레스의 이론은 틀린 것으로 판명돼.
세상이 태초에 무엇으로 만들어졌는가에 관한
이 오래된 의문은
질문이 시작된 이래 2000년 동안
풀리지 않은 채 남아 있었어.

08

화학자의 조상, 연금술사

옛날 옛날에
돌멩이로 황금을 만들겠다고
생각한 사람들이 있었어.

돌멩이로 금을 만든다니….
황당하다고?
아니, 돌멩이를 황금으로 바꾸는 것은
오랫동안 진지한 학문이었어.
그런 일을 전문으로 한 사람들도 있었다니까.
바로 바로 연금술사들이야.

연금술사
가능한 모든 물질을
섞는 사람

연금술사들은
돌을 황금으로 바꾸는 비법을 알기 위해
평생 동안 '현자의 돌'을 찾아 헤맸어.
아리스토텔레스가 천상에 있다고 말한 제 5원소가
혹시 현자의 돌이 아닐까 생각하며 말이야.
현자의 돌을 찾으려
연금술사들은 평생 동안
온갖 물질을 연구했어.

갈고, 끓이고, 녹이고, 태우고,
가루로 만들어

섞어!

연금술사의 집에는 하루 종일 시뻘건 화로가 타오르고
가마솥에서는 늘 무언가가 펄펄 끓어.

연금술사의 책상 위에는
비밀 문자로 가득한 낡고 오래된 책들이
천장에 닿을 만큼 쌓여 있어.

연금술사들은
어떤 실험이라도 낱낱이 비밀 공책에 기록했어.

어떤 물질이
가벼운지 무거운지 얼마나 빨리 끓는지
무엇이 무엇에 녹고 녹지 않는지.

그런데 흔한 물질로 금을 만들려 한
연금술사들의 생각이
그렇게 터무니없지만은 않았어.
왜냐하면

기원전 3300년쯤 전에
이름을 알 수 없는 대장장이가
구리와 주석을 섞었더니 청동이 되었어.

전에 없던 신제품이 등장해.
틀에 뜨거운 청동을 붓고 찍어 내는 기술 덕분에
돌을 깎아서는 만들 수 없었던 것을 대량으로 만들게 되었어.
인류의 역사에 **청동기 시대**가 시작된 거야.

그리고
2000년쯤 뒤
어느 무명의 무기 제조업자가
철을 녹여 숯을 섞었는데 강철이 되었어.

인류의 역사에 **철기 시대**가 도래한 거야.

금속에 무언가를 섞어
새로운 금속을 만들 수 있다고?
그렇다면…
싸구려 금속에도 무언가를 섞어
금을 만들 수 있지 않을까?

납을   황금으로!

옛날에 중국에도
못 말리는 연금술사들이 있었어.
중국의 연금술사들은
영원히 죽지 않는 마법의 불로장생약을 만들기 위해
연금술을 했어.
불행히도 연금술사들이 만든 불로장생약을 먹고
일찍 죽은 황제들도 있었지만 말이야.

중국의 연금술사들은 비록
황제를 불로장생하게 하는 약을 만들지는 못했지만
9세기에 어느 연금술사가 우연히
숯, 유황, 질산염을 섞고

불을 붙였다가
화약을 발명했어.

화약을 발명하던 중에 그 연금술사가
죽었는지 살았는지는 아무도 몰라.

1000년이 넘도록
수많은 연금술사들이
끔찍한 노력을 퍼부었지만

돌멩이로 금을 만들었다거나
불로장생약을 만들었다는 사람은
사기꾼 말고는 아무도 없었어.

하지만
연금술사들의 오랜 노력이
헛되지만은 않았어.

왜냐하면… 연금술사들의 부엌에서

스멀~스멀~

새로운 학문이 탄생하고 있었거든.
바로 바로

이야.

연금술사들은 오랫동안
온갖 해괴한 실험을 했어.

진정한 연금술사와　　　가짜 연금술사들 덕분에

지구에 있는 물질이란 물질은 모두
연금술사의 가마솥에 들어갔다 나왔다 해도
틀린 말이 아닐 거야.

돌을 금으로 바꾸겠다고 온갖 물질을 시험하며
연금술사들이 정밀한 저울과 플라스크,
쇳물을 녹이는 도가니, 증류기 같은 화학 기구들을 발명했어.
연금술사들이 발명한 도구 덕분에

물질의 성질을 탐구하는 화학이 탄생했어.

허름한 창고와 부엌, 지하실에서
자신들이 매일 하던 것이 화학 실험인 줄
연금술사들은 꿈에도 몰랐지만 말이야.

연금술사의 노력으로
물질에 관한 인류의 지식이 점점 쌓여 갔어.
훗날 영국의 철학자 프란시스 베이컨은
연금술에 대하여 이렇게 말했어.

"
연금술은 아마도 아들에게 자신의 포도밭
어딘가에 금을 묻어 놓았노라고 이야기하는 사람에
비유할 수 있을 것이다.

아들은 땅을 파서 금을 발견하지는 못했지만
포도 뿌리를 덮고 있던 흙무더기를 헤쳐 놓아
풍성한 포도 수확을 이룰 수 있었던 것이다.
금을 만들고자 노력했던 사람들이 여러 가지 유용한 발명과
유익한 실험들을 고안했다.
"

인체의 신비를 벗겨라

자연에 대해 탐구하고 물질의 비밀을 캐고….
그럼, 옛날 사람들은
자기 몸에 대해서는 얼마만큼 알고 있었을까?

인체의 비밀은 오랫동안 신비에 싸여 있었어.
아무도 몸속이 어떻게 생겼는지.
자기 몸 안에서 무슨 일이 일어나는지 알지 못했어.

매일매일 숨을 쉴 때
공기가 몸속 어디로 가는지

심장이
무슨 일을 하는지

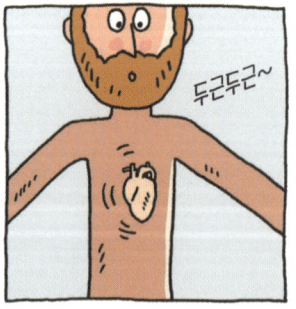

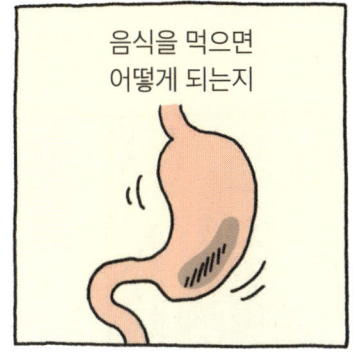

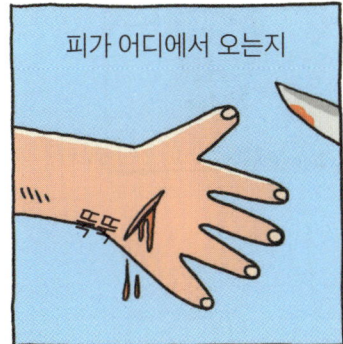

그리고

왜 **병**에 걸리는지도 말이야.

사람들이 병에 걸리는 이유는
신을 노하게 하거나

초자연적 힘을 가진 사람이
주문을 걸거나 미워해서라고 생각했어.
그러던 어느날 히포크라테스라는 사람이 주장했어.

사람이 병에 걸리는 것은
논리적으로
이유가 있기 때문이라는 거야.

기원전 400년쯤,
그리스에서 활동한 의사 히포크라테스는
질병에 걸리는 이유를 설명하기 위해
놀라운 주장을 펼쳤어.

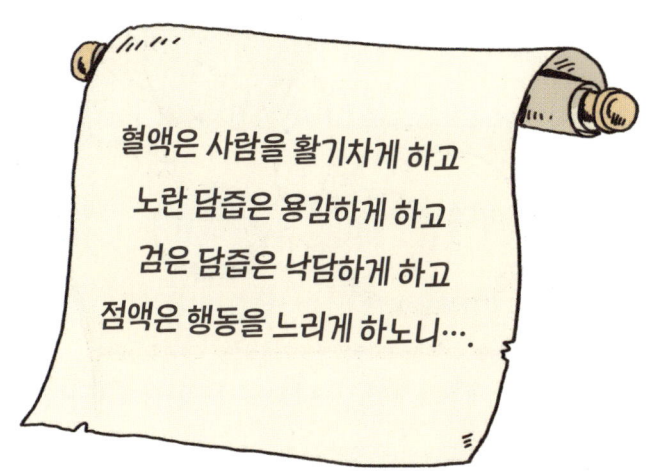

히포크라테스는
4가지 체액의 균형이 깨어져서

병에 걸리는 것이라고 주장했어.

4체액설은 옳은 이론이 아니었지만
히포크라테스는 최초로 질병의 원인을
신들에서 찾지 않고
이치에 맞게 설명해 보려 했어.
히포크라테스가 의술을 마술에서 떼어 내
이 세상에 최초로 의사라는 직업이 생겨났어.

히포크라테스가 죽고 500년쯤 지나,

로마 제국에
갈레노스라는 의사가 살았어.

갈레노스
로마 제국 역사상
가장 유명한 의사

갈레노스는
처음에 로마 제국의 검투사들을 치료했어.

검투사들을 치료하며
갈레노스는 경험과 지식을 늘려 갔어.

갈레노스가 살던 2000년 전은
의사가 되는 공식적인 자격증이 없었고
진료를 하겠다고
스스로 선포하기만 하면 되었어.

운 좋게 환자가 나으면
더 많은 환자를 끌어모을 수 있었고
그렇지 않으면
다른 직업을 찾아봐야 했어.

하지만 갈레노스는 뛰어난 의사여서
로마 황제 네 사람의 주치의가 되었어.
만약 갈레노스가 잘못하여 황제들이 죽었다면
세계의 역사가 달라졌을지 몰라.

갈레노스는 사람의 몸속이 어떻게 생겼는지
정말로 궁금했어.
어떤 물건이 어떻게 만들어졌는지 알고 싶으면
그 물건을 분해해 보는 것이 가장 좋은 방법이야.
하지만

로마 제국에서 시신 해부는
오랫동안 금지되어 있었어.
하는 수 없이 갈레노스는
황소, 개, 원숭이, 염소, 돼지를 해부했어.

갈레노스는 동물 해부를 통해 얻은 지식을
인체에 적용해 근육과 콩팥, 뇌, 심장, 신경이 하는 일을
처음으로 올바로 추측했어.
인체에 관하여 지금은 아이들도 다 알고 있는 간단한 사실들은
대부분 갈레노스가 알아냈어.

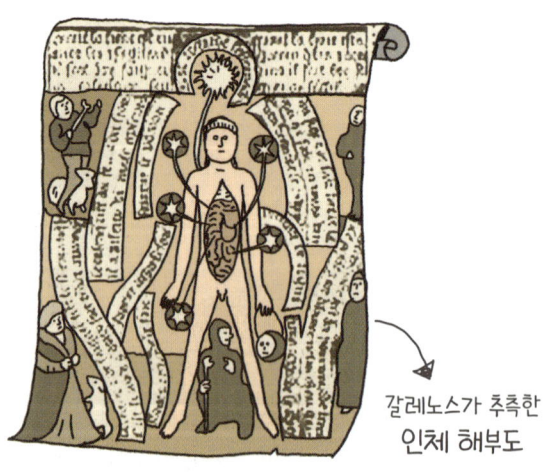

갈레노스가 추측한
인체 해부도

하지만 갈레노스의 생각 중에는
옳은 것도 있고 틀린 것도 있었어.

이것은 맞고,
오늘날에는 그걸 '소화'라고 불러.

이것은 틀렸어.
피는 뼛속에 있는 골수에서 만들어져.

이것은 맞는 이야기야.

갈레노스는 동물 실험을 통해
처음으로 오줌이 방광에서 만들어지는 것이 아니라
콩팥에서 만들어진다는 것을 증명했어.

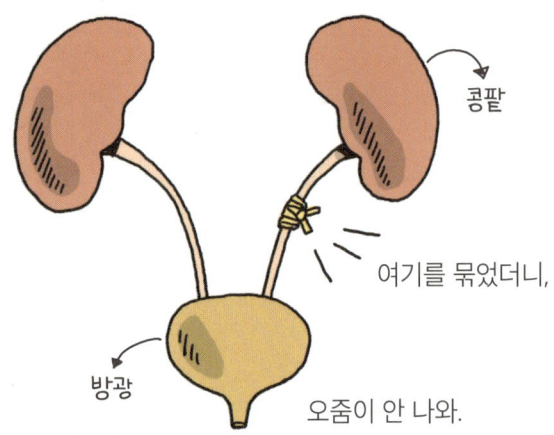

옛날에
히포크라테스가 말하길
이성은 뇌에 있고, 정신은 심장에 있으며,
식욕은 간에서 생긴다 했는데
갈레노스는 뇌로 가는 신경과 혈관을 발견하고
생각을 하는 곳이
심장이 아니라 뇌라고 확신했어.

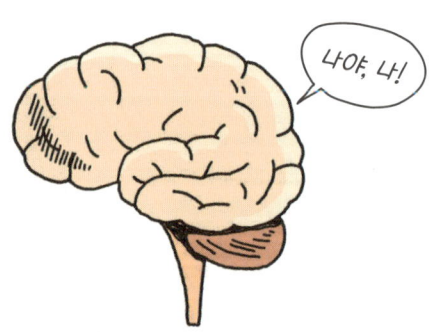

갈레노스는 병을 치료할 때
마술을 믿지 않았고
4체액설에 따라 병의 원인을 진단하고
약을 처방했어.

갈레노스는 여러 가지 약용 식물로
가루약, 연고, 물약을 만들었는데

약을 제조하기 위해
무얼 얼마만큼 어떻게 섞어야 하는지
필요한 성분들의 양을 정확하게 기록한 사람은
갈레노스가 처음이었어.

갈레노스의 처방으로
유명 인사들이 병이 낫고

갈레노스의 치료법이
널리 널리 퍼져 나갔어.
환자를 치료하며 갈레노스는
평생 수백 권이 넘는 책을 남겼는데
훗날 유럽에 대학이 생겨났을 때
갈레노스의 이론이 의학 교육의 기본이 되었어.

갈레노스가 죽은 뒤에도 1300년 동안
의사가 되려는 사람은
갈레노스의 책을 달달 외워야 했어.

그런데 1500년대에 이르러
어떤 사람이 마침내
갈레노스의 책을 용감하게 불 속에 던져 버려.

이름이
테오프라스투스 필리푸스 아우레올루스 봄바스투스 폰 호엔하임이야.

다행히도 일찍이 스스로 이름을 바꾸어
파라셀수스라 불렸지만 말이야.

셀수스는 고대 로마의 유명한 의사였는데
셀수스보다 더 위대한 사람이 되겠다며
스스로 그렇게 불렀어.
처음에 파라셀수스는
연금술을 배우기 위해 유학을 떠났는데
곧 의학으로 전공을 바꿔.

파라셀수스는
의과 대학을 졸업하고 교수가 되었어.
하지만 히포크라테스와 갈레노스를 비판하다
대학에서 쫓겨나고 말았어.

사실은 쫓겨난 게 아니라
자기 발로 박차고 나왔다는 이야기도 전해져.
파라셀수스는
여전히 스스로를 위대한 과학자이자 의사라 여기며
수많은 사람들을 진료했어.

파라셀수스는
4가지 체액의 균형이 깨어져서
병에 걸리는 것이 아니라고 주장했어.

파라셀수스는 원고 뭉치와 화학 실험 도구를 들고
평생 동안 돌아다녔어.
진료를 하지 않을 때는 책을 쓰고
약을 만들기 위해 화학 실험을 했어.
질병의 원인이 외부에서 온다고 믿으며
적절히 약물을 처방하면 바로잡을 수 있다고 생각했기 때문이야.
그러면서 연금술사들에게 소리치기를

그러면서도 자신은
금을 만들려는 노력을
평생 계속했지만 말이야.

파라셀수스의 주장은
맞기도 하고 틀리기도 해.
질병의 원인은

몸 안에도 있고   몸 밖에도 있으니까 말이야.

하지만
파라셀수스의 생각과
괴팍한 행동은
후세의 과학자들에게
1가지 중요한 교훈을 남겨 주었어.

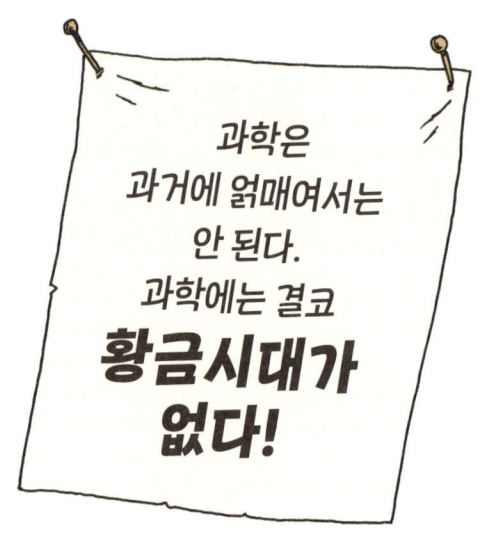

과학은 과거에 얽매여서는 안 된다. 과학에는 결코 **황금시대가 없다!**

10

해부학자 베살리우스, 무덤에서 시체를 훔치다

1500년쯤,
드디어
사람의 몸속을 들여다볼 수 있는 길이 열려.

그리고 의과 대학에 공식적으로
인체 해부학 실습 시간이 생겼는데,
문제는 그 시대에 의사는 사람의 몸에
칼을 대는 수술을 하지 않았다는 거야.

아닌 게 아니라 그때에는
수염을 깎느라 예리한 칼을 다루던 이발사들이
외과 의사 일을 겸해서 했어.
진통제와 마취제도 없이

이를 뽑고   종기를 도려내고   다리를 절단하고….
           고름과 피를 뽑고

이발사의 수술 현장은 언제나 피가 흥건해.
지금도 있는 이발소의 삼색등은

동맥과 정맥,
그리고 이발사의 하얀 가운을 상징하던 거야.
의사의 흰 가운도 이발사의 가운에서 유래했다는 말씀.

그럼 의사들은 무얼 했을까?
의사들은 손을 쓰는 걸 하찮게 여겼어.
해부학 실습 시간이 되면

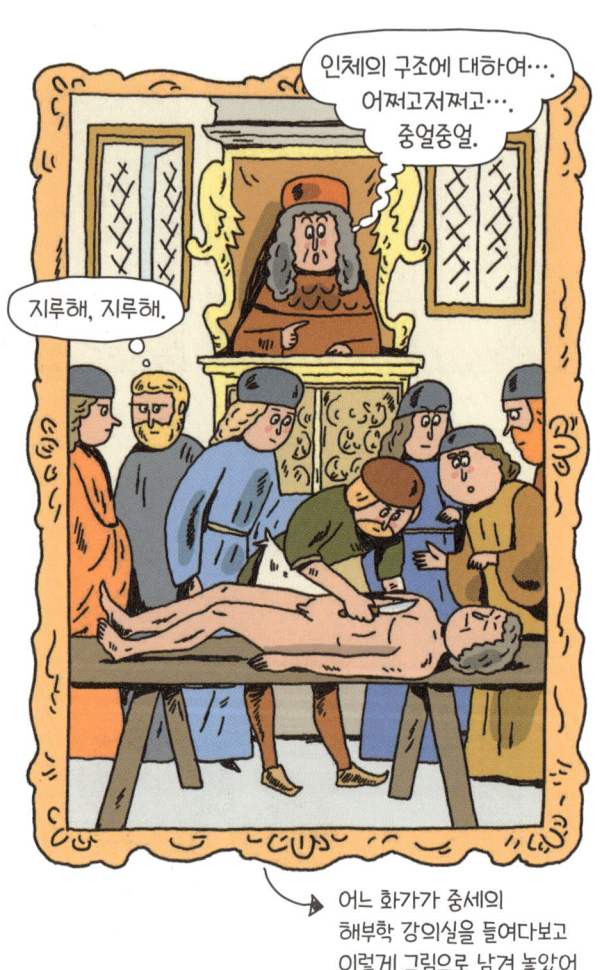

▶ 어느 화가가 중세의
해부학 강의실을 들여다보고
이렇게 그림으로 남겨 놓았어.

의학 교수는 멀찌감치 높은 독서대에 서서
갈레노스의 해부학 책을 읽고
출장 온 이발사가 시신을 해부해.
학생들은 주위에 둘러서 딴짓을 하고….

해부를 하다가 이따금
갈레노스의 책과
다른 점이 발견되기도 했어.

의학 교수들은 어물쩡 넘어갔어.
하지만 이탈리아 파도바 대학의 의학 교수
안드레아스 베살리우스는 달랐어.

베살리우스
인류 역사상 가장
훌륭한 해부학자

베살리우스는 황실의 의사이자 약제사였는데
어렸을 때부터 남달랐어.
동물의 몸속이 어떻게 생겼는지 알아보려고

죽은 개와 고양이, 쥐를 해부해 보았어.
그러니 베살리우스가 법학자나 수도사, 상인이 되지 않고
의학을 공부하게 된 건 당연한 일이야.
의학도 베살리우스는 끔찍한 일을 많이 했어.

공동묘지에서 시체를 훔치기도 했는데

한번은 교수형을 당한 죄수의 시체를 발견했어.
새들이 시체의 몸속을 깨끗하게 쪼아 먹어
뼈만 남아 있지 뭐야.
베살리우스는 뼈들을 몰래 하나씩 방으로 가져왔어.

베살리우스는 왜 이런 짓을 했을까?
해부를 할 수 있는 시신은 많지 않았고
인체의 비밀을 알려면 다른 방법이 없었기 때문이야.

훗날 베살리우스는
파도바 대학의 의학 교수가 되었어.
베살리우스의 해부학 시간은
언제나 수많은 학생들로 북적북적~.

다른 교수들과 달리
베살리우스는 직접 칼을 들고 정성을 다해
꼼꼼하게 시신을 해부했어.

방부 처리법도 없었던 시대에
시신을 해부하는 건 결코 유쾌한 일이 아니야.
시신은 금방 부패하고 냄새도 지독해.
시신이 썩기 전에 재빨리 해부를 끝내야 했는데

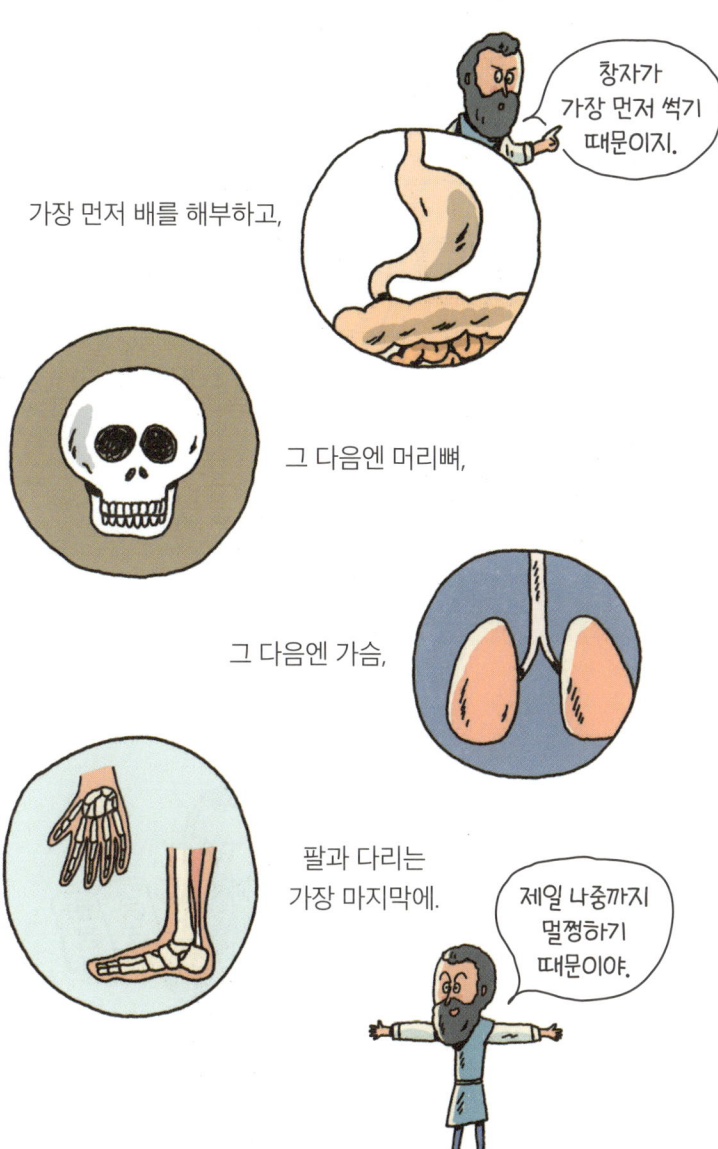

시신을 직접 해부한 덕분에
베살리우스는 갈레노스의 책에서
수많은 오류를 발견해.

베살리우스는 말했어.

1543년, 베살리우스는
누구도 따라올 수 없을 만큼 훌륭한
인체 해부 도감을 출판해.

《인체의 구조에 관하여》는 모두 7권인데
1권은 뼈, 2권은 근육, 3권은 혈관, 4권은 신경,
5권은 복부와 생식기, 6권은 심장과 허파,
7권은 뇌로 되어 있어.

베살리우스가
몇 구의 시신을 해부했는지는 모르지만
그 누구보다 많이 했다는 건 분명해.

베살리우스 이전의 인체 해부도는 이랬는데

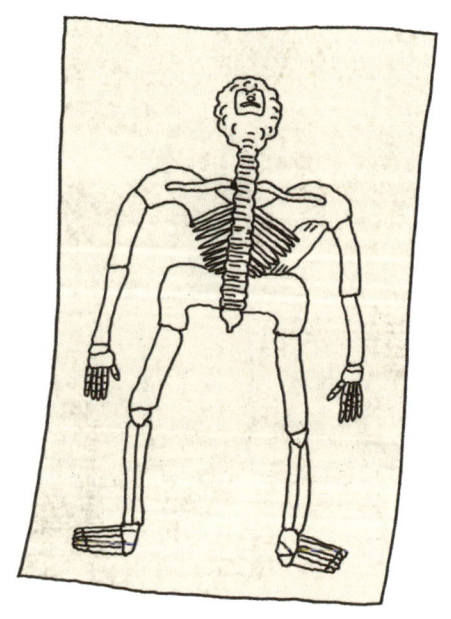

베살리우스는 처음으로 인체를 샅샅이 관찰하고
당대의 뛰어난 화가를 고용하여
세계 최고의 인체 해부도를 만들었어.

베살리우스의 인체 도감은
어찌나 상세하고 자연스러운지
책 속에서 뼈들이 말을 하는 것 같아.

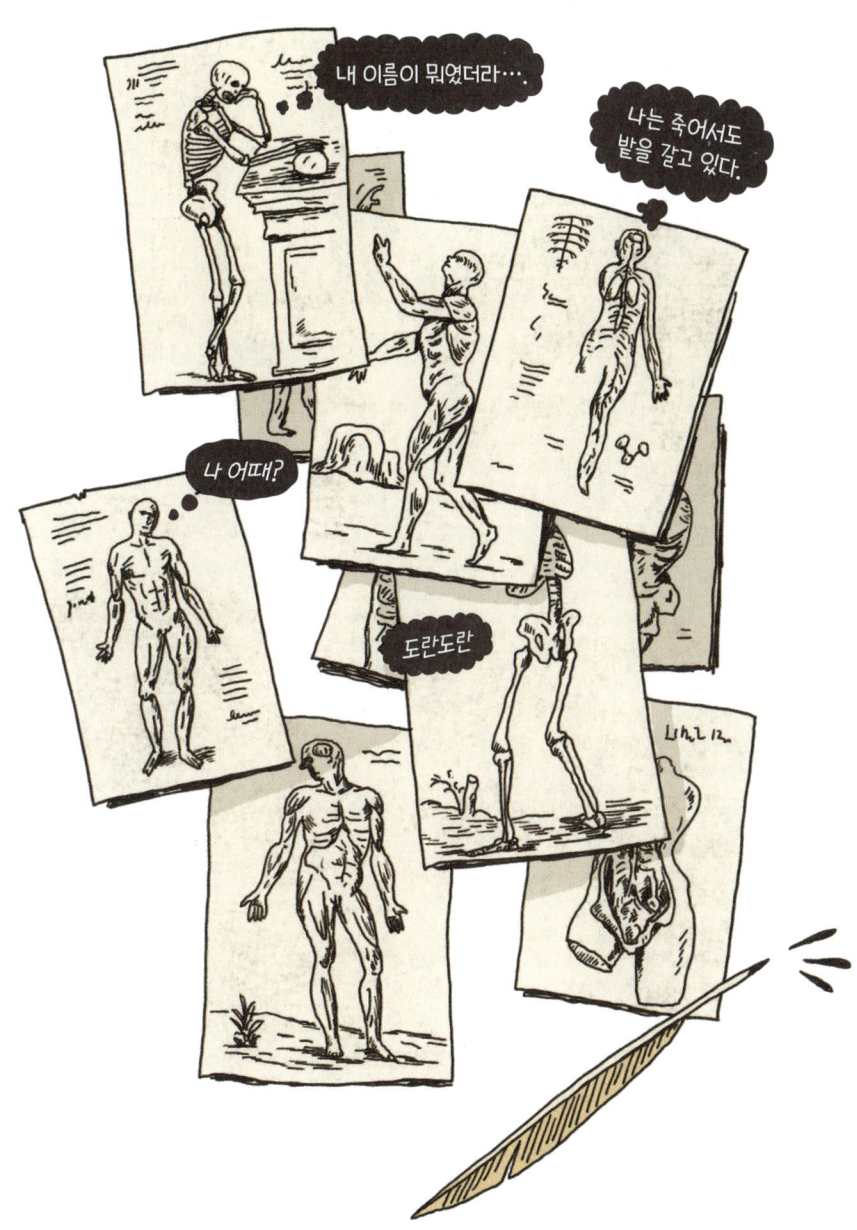

《인체의 구조에 관하여》는 수백 년 동안
의사들의 중요한 참고서가 되었고

사람들은 깨닫게 되었어.
아무리 위대한 사람들의 말이라도
그대로 믿지 말고

직접 들여다보면

아무도 보지 못한 무언가를
발견할 수 있다는 거야!

작은 지구가 커다란 태양을 도는 게 옳아!

1543년은
과학의 역사에서 아주 특별한 해야.

왜냐하면
베살리우스의 위대한 책과 함께
과학의 역사를 바꾼
또 한 권의 깜짝 놀랄 책이 출간되었기 때문이야.
짜자자잔~.

니콜라우스 코페르니쿠스
폴란드의 천문학자이자
이 책의 저자

그 책에 적혀 있는
충격적인 내용에 따르면

깜깜한 우주 속에서

태양이
지구를 도는 게 아니라

지구가
태양을 돈다는 거야!

지금은 아이들도 다 아는 사실을,

옛날에는 아무도 몰랐어.
기나긴 인류의 역사에서 500년 전까지도
사람들은 지구가 움직일 거라고는 상상도 못했어.

지구는 가만히 있는 것처럼 보여.

만약에 지구가 움직인다면

이럴 거라고 생각했으니
누가 상상이나 할 수 있었겠어.

하늘을 보면 매일매일
정말로 태양이 움직이는 것처럼 보여.
동쪽에서 서쪽으로!

사람들은
태양이 하루에 한 바퀴 지구를 돌아서
낮과 밤이 생긴다고 믿었어.
별들도 하루에 한 바퀴 지구를 돌고.
그러니
우주도 그렇게 크지 않을 거라고 생각했어.

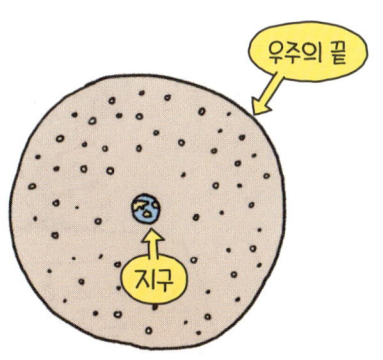

딱 한 사람이 다르게 생각했는데

아리스타르코스
2,300년 전 고대 그리스의
천문학자이자 수학자

오래 전에 아리스타르코스는
지구가 태양을 돈다고 올바로 추측했어.
태양과 지구의 크기는 알 수 없지만,
아리스타르코스는 기하학으로 어느 것이 더 큰지
비율을 계산할 수 있었는데
태양이 지구보다 훨씬 더 크다는 걸 알아냈어.

하지만 아리스타르코스의 주장은
터무니없게 보여서 금세 잊혀지고 말았어.

그 대신 프톨레마이오스라는 사람의 주장이
널리 퍼졌는데

▶ 클라우디오스
프톨레마이오스
고대 그리스의 수학자,
지리학자, 천문학자,
점성학자

프톨레마이오스는 옛날부터 내려오던 생각을 이어받아
지구가 우주 한가운데 있고

행성과 별들이 지구를 돈다는 이론을

완성한 학자야.   ▶ 지구 중심설

바다를 항해하는 사람들과 점성술사,
평범한 모든 사람들이 프톨레마이오스의 이론을
의심 없이 받아들였어.
왜냐하면 프톨레마이오스가
오래된 문제를 해결했기 때문이야.

행성들이 왜 뒷걸음질을 치는
이상한 일이 일어날까?

프톨레마이오스에 따르면
행성들이 지구 둘레를 이렇게 돌고 있다는 거야.

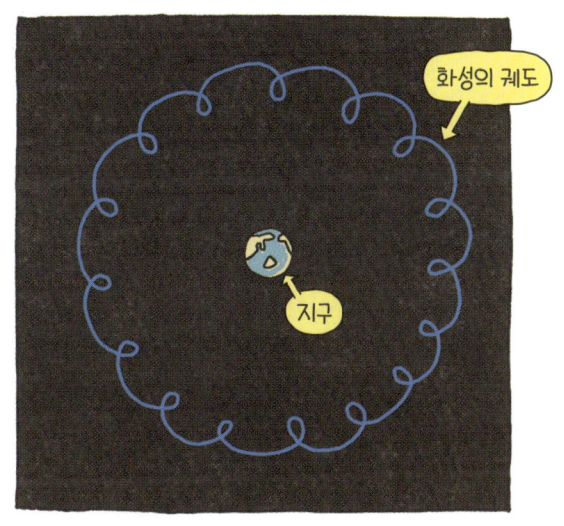

행성들이 이렇게 돈다면,
지구에서 볼 때 행성들이
뒤로 가는 것처럼 보이는 일이 일어나.
프톨레마이오스는 이 작은 원들을
'주전원'이라 불렀어.
그리고 행성들마다 주전원이 여러 개 있다고 상상했는데

그러느라 지구를 도는 행성들의 원이
무려 81개나 되고 말았어!

복잡하고 어지러운 프톨레마이오스의 우주

프톨레마이오스는 우주가
정말로 이렇게 생겼다고 믿었을까?
어쩌면 프톨레마이오스는 상관하지 않았을지 몰라.
우주가 실제로 어떤 모습이든
자신의 이론으로 별들의 움직임을 예측하고
잘 계산할 수 있으면 된다고 생각했어.

프톨레마이오스의 이론은
훌륭하게 들어맞았고

1500년 동안 진리로 여겨졌어.

그리고 마침내
1473년, 폴란드에
프톨레마이오스의 오랜 우주관을
뒤집을 아기가 태어나.

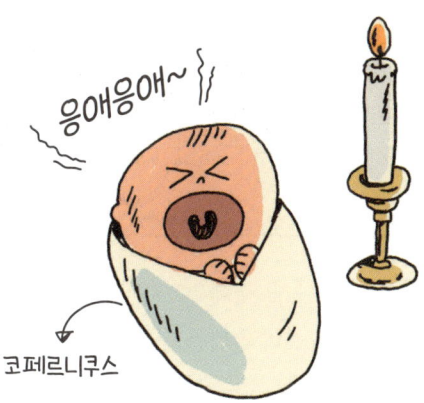

코페르니쿠스

코페르니쿠스는 공부를 좋아해서
대학을 4군데나 다녔어.
수학과 예술, 의학, 교회법
그리고 천문학을 배웠는데
제일 좋아하는 것은 천문학이었어.
코페르니쿠스는 대성당에서 일하게 되었는데

어느 날 코페르니쿠스는
프톨레마이오스의 두꺼운 천문학책을 읽다가
소리쳤어.

프톨레마이오스의 우주는
너무 복잡해!

코페르니쿠스는
신앙심이 깊은 사람이었는데
하느님이 우주를 이렇게 복잡하고
혼란스럽게 만들었을 리 없다고 생각했어.
코페르니쿠스는 머리를 싸매고

만약에

지구가

태양을 돈다면

어떻게 될까 생각해 보았는데

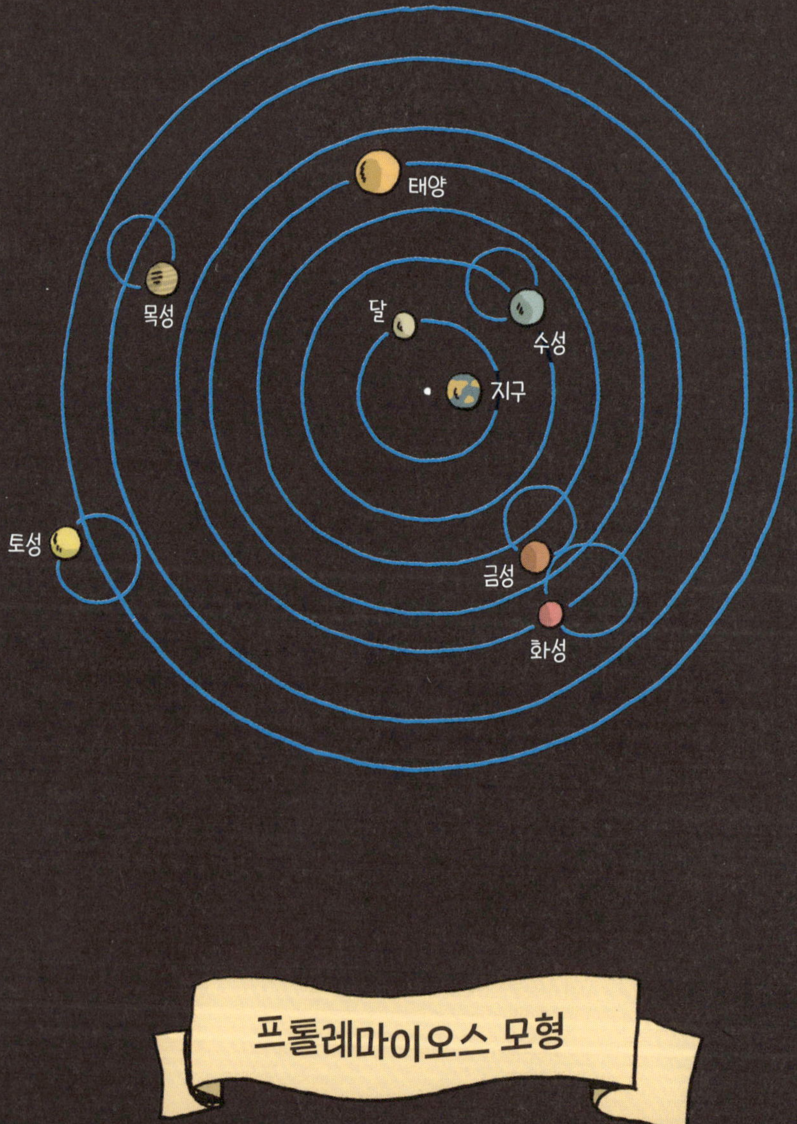

큰일 날 일이

태양
목성
달
수성
지구
토성
금성
화성

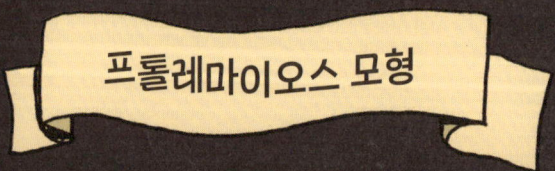

프톨레마이오스 모형

아무것도 없었어!

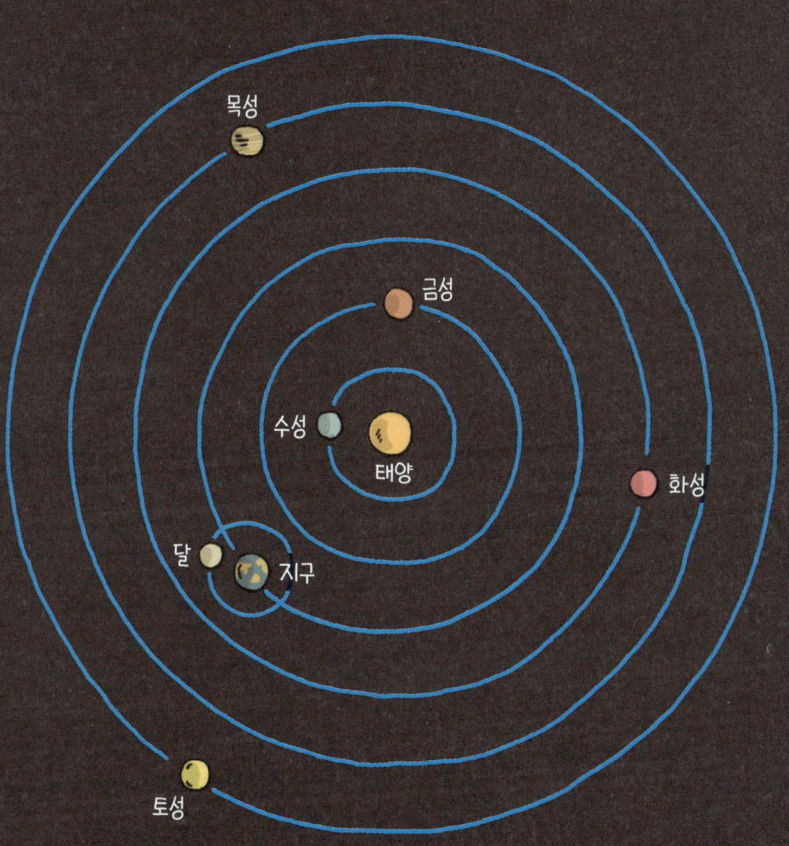

오히려
우주가 더 단순하고
아름다워졌어!

지구와 행성들이 모두 태양을 돈다면
프톨레마이오스의 복잡한 원들이 필요 없어.
행성들이 이따금
뒷걸음질치는 것처럼 보이는 수수께끼가
간단하게 해결돼.
행성이 뒷걸음질치는 게 아니었어!

지구가 화성을 앞질러갈 때
화성이 뒤로 가는 것처럼
보였던 거야.

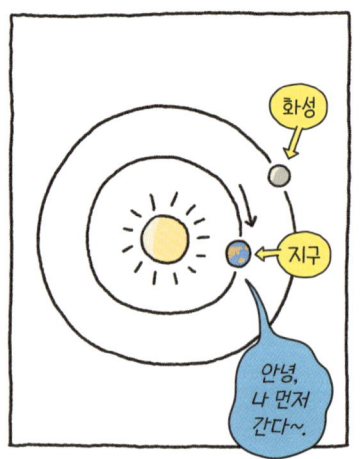

내가 탄 마차가
옆의 마차보다 빨리 달릴 때도
그런 일이 일어나.

코페르니쿠스는 확신했어.

그리고 말했어.

코페르니쿠스는
자신의 우주론을 짤막한 원고로 만들어
가끔 친구들에게 보여 주었을 뿐
발표도 하지 않고
30년 동안 서랍 속에 꽁꽁 넣어 두었어.

지금이라면
노벨상을 10개 타도 모자랄 놀라운 발견인데
그때에 지구가 돈다는 주장은 위험천만한 생각이었어.
인간이 태초부터 믿어 왔던 것을
한순간에 뒤엎는 폭탄 발언 같은 거야.

우주 한가운데 지구가 왕처럼 있고
모든 천체가 지구를 중심으로 돌고 있었는데
코페르니쿠스의 주장대로라면
지구의 신분이 하루아침에
태양을 도는 평범한 행성들 중 하나로
추락하는 일이야.

코페르니쿠스는
죽기 직전에야 자기의 연구를
온 세상에 발표하기로 결심했어.
수도사 오시안더가 출판을 담당했는데
걱정이 되었던지 책에 이런 서문을 달아 놓았어.

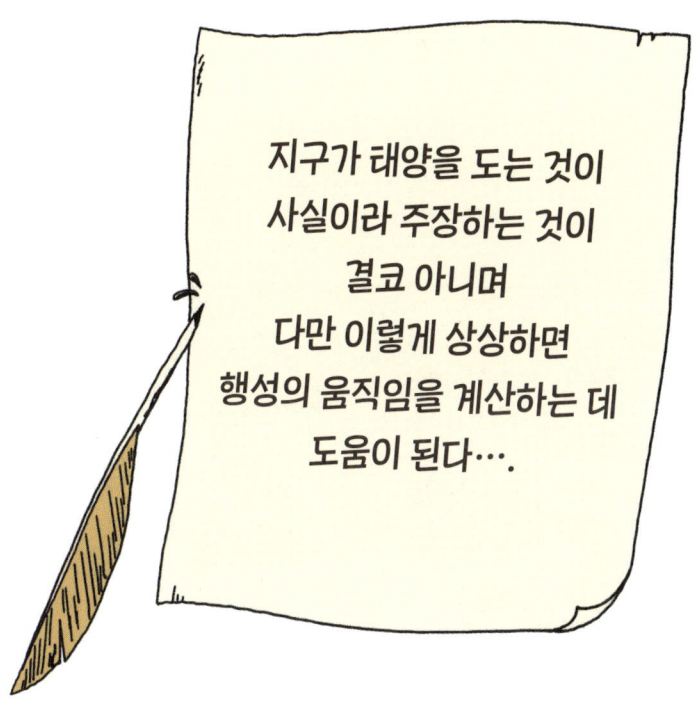

지구가 태양을 도는 것이
사실이라 주장하는 것이
결코 아니며
다만 이렇게 상상하면
행성의 움직임을 계산하는 데
도움이 된다….

그리고 오시안더는 서명조차 남기지 않아서
독자들은 당연히 코페르니쿠스가
서문을 썼다고 생각했어.

하지만 코페르니쿠스는
이 일을 바로잡을 수도, 화를 낼 수도 없었어.
인쇄된 책을 받아 보자마자 곧

죽어 버렸기 때문이야.

코페르니쿠스의 위대한 책
《천체의 회전에 관하여》는
초판 400부도 채 팔리지 않았어.

코페르니쿠스의 책을 읽고
정말로 지구가 움직인다고 믿은 사람은
11명뿐이라고 전해져.

그중에 세 사람이

지구가 거대한
자석이라고 말한

윌리엄 길버트

최초로 망원경으로
하늘을 관찰한

갈릴레오 갈릴레이

행성의 궤도를
명확하게 밝힌

요하네스 케플러야.

하지만 지금은
코페르니쿠스의 지동설을 모르는 사람이 아무도 없을걸.

모든 사람들의 생각을 뒤엎는

완전히 새롭고
놀라운 사고방식을

이제는 '**코페르니쿠스적 전환**'이라고 해.

위대한 철학자 이마누엘 칸트가
코페르니쿠스를 기리며 맨 처음 한 말인데

이마누엘 칸트

인생에서 한번쯤
코페르니쿠스적 전환을 경험하는 건
정말 멋진 일이야.

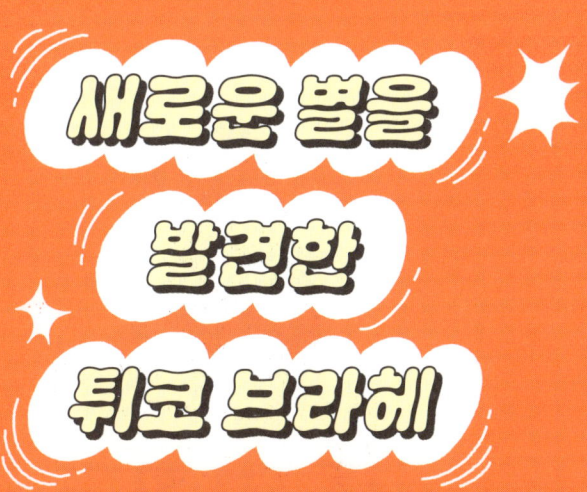

새로운 별을 발견한 튀코 브라헤

《천체의 회전에 관하여》가
세상에 나온 지 20년쯤 지났을 때
한 천문학자가 코페르니쿠스의 책을 읽고
커다란 감명을 받았어.

튀코 브라헤는
코페르니쿠스가 세상을 떠난 지 3년 뒤에 태어났어.
아직 망원경이 발명되지 않았을 때
튀코는 맨눈으로 우주를 가장 정확하게,
가장 열심히 관측한 사람이야.

튀코는 덴마크의 귀족 가문에서 장남으로 태어났는데
아이가 없던 큰아버지가 유괴해 길렀어.

튀코는 거만하고 성격이 불 같았어.
20세 때는 친구와 누가 더 수학을 잘하는지
겨루다가 결판이 나지 않자
결투를 신청했는데

칼싸움 끝에 코가 잘려 나갔어.
그 뒤로 평생 동안
합금으로 만든 코를 붙이고 다녀서
강철코 튀코라 불렸어.

큰아버지는 튀코가 변호사가 되기를 바랐지만
튀코는 일찌감치 법학 공부를 때려치웠어.
14세 때 인생을 바꿀 놀라운 경험을 했거든.
일식을 보게 된 거야.

달이 태양의 일부 또는
전체를 가리는 현상

튀코가 놀란 건
천문학자들이 몇 십 년 전부터
일식 날짜를 예고했다는 거야.

튀코는 천문학에 빠져 버렸어.

때는 아직 망원경이 발명되기 35년쯤 전,
튀코는

우주를 관측하면 할수록
튀코는 프톨레마이오스와 천문학자들이 기록한
별과 행성의 위치가
사실은 아주 정확하지는 않다는 것을
알게 되었어.

15세, 어린 나이에 튀코는 결심했어.

튀코는
하늘의 모든 별들과 행성들을 관측하는 데
인생을 바치기로 해.

날카로운 눈과

침착한 손으로

튀코는 관측 기계를 정밀하게 조작하며
우주를 관측했어.

1572년, 튀코는
인류 최초로 새로운 별을 발견해.

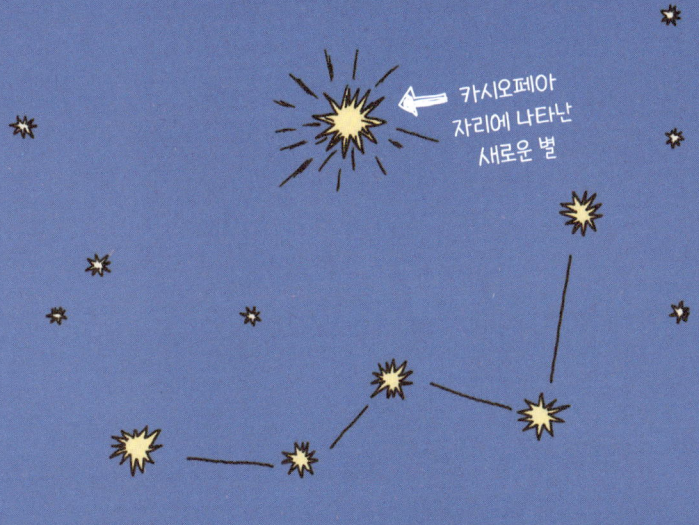

그 별은 낮에도 빛날 만큼
눈이 부셨어.

그때까지 천문학자들은
고대의 아리스토텔레스와 프톨레마이오스의 생각을 따라
우주는 완전하여
결코 변하지 않는다고 믿었어.
그런데 난데없이
하늘에 지금까지 없던 별이 나타나다니!

튀코는 그 별을 14개월 동안
관측하고 기록하며
새로운 별이라고 확신했어.
튀코의 별은 훗날 **초신성**으로 밝혀졌어.

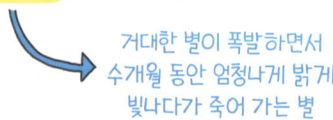

거대한 별이 폭발하면서
수개월 동안 엄청나게 밝게
빛나다가 죽어 가는 별

튀코는 깨닫게 되었어.

새로운 별을 발견한 공로로
덴마크의 왕이 튀코에게 통 큰 선물을 했어.

튀코는 벤섬에
높고 거대한 천문대를 지었어.

우라니보르크 천문대에는
천문 관측 기구를 제작하는
작업장, 도서관, 인쇄소 들이 있었어.
바람이 불어도 관측 기구가 흔들리지 않도록
지하에도 천문대가 있었어.
튀코는 매일매일 저녁 8시부터 새벽 3시까지
별을 관측해.

우라니보르크 천문대 상상도

튀코는 별을 기준 삼아
행성들이 변하는 위치를 기록했어.

하지만 그 일은
천문학의 역사에서 아주 중요한 일이었어.
그렇게 태양의 움직임을 추적하는 데
4년,
화성과 목성의 움직임을 추적하는 데
12년,
토성의 궤도를 추적하는 데
30년이 걸렸어.

1577년,
튀코는 또 한번 놀라운 발견을 해.
혜성이 나타난 거야.

옛날부터 사람들은
하늘에 혜성이 나타나는 것을 보았지만
혜성이 어디에 있는지
혜성이 무엇인지는 알지 못했어.
중세의 점성술사들은 주장했어.

400여 년 뒤에야 과학자들은
혜성이 태양을 돌고 있는 거대한 얼음덩어리라는 걸 알게 돼.
아직 혜성의 정체를 모를 때에 튀코는 혜성이
어떻게 움직이는지 처음으로 정밀하게 관측했어.
맨눈으로!

이건 아주아주 놀라운 발견이었어.
그때까지 사람들은
별과 행성들이 투명하고 둥근 수정구에 매달려
지구를 돈다고 생각했어.
그렇지 않고는 천체들이 어떻게
떨어지지 않고 하늘에서 도는지
설명할 방법이 없었기 때문이야.

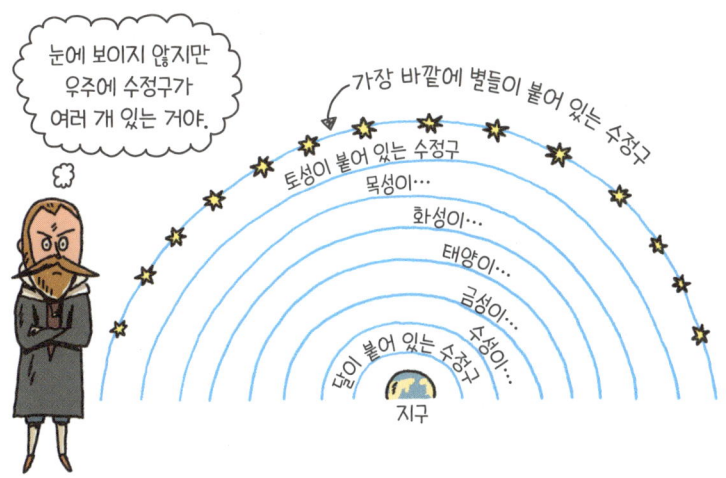

그렇다면 혜성이
행성들의 수정구를 가로질러 올 때

튀코는 처음으로
수정구가 없는 우주를 상상했어.

하지만 튀코도 알 수 없었어.
행성들이 무슨 힘으로
허공에 뜬 채로 돌 수 있는지 말이야.

그 비밀은 훗날 아이작 뉴턴이 풀게 돼.

튀코 이전에는 천문학자들조차
우주를 관측하는 일을
중요하게 생각하지 않았어.

하지만 튀코는
천체의 움직임을 정확하게 관측하는 일이
가장 중요하다고 믿었어.
잔치를 벌이고 술 마시고 놀기 좋아하면서도
튀코는 하늘을 관측하는 일만큼은
하루도 빼먹지 않았어.

세상에서 튀코보다 더 많은
관측 자료를 가진 사람은 없었어.

1601년, 튀코는
어느 귀족이 베푼 잔치에 참석했다가
포도주를 많이 마셨는데
오줌을 너무 참다가 그만

병에 걸렸어.

튀코는 요독증에 걸렸고
5일 만에 세상을 떠나고 말았어.

죽기 하루 전날 튀코는
평생 동안 기록한 자신의 모든 천문 관측 자료를
조수 과학자에게 물려주었어.
튀코는 중얼중얼 마지막 말을 남겼어.

튀코의 인생은 전혀 헛되지 않았어.
그 과학자가 훗날 태양계의 행성들이
타원을 그리며 돈다는 것을 밝히게 될 거니까 말이야.

13

지구는 거대한 자석이야!

1550년대에
엄청나게 두꺼운 책 한 권이 베스트셀러가 되었어.

벽돌만큼
두꺼운 책

책이 아주 귀하던 시절이라
책값이 무척 비쌌어.

책에는 자연에서 일어나는
온갖 신기한 이야기가 실려 있었는데
그중 일곱 번째 이야기가
바로
〈자석의 불가사의에 대하여〉였어.

〈자석의 불가사의에 대하여〉는
이렇게 시작해.

이 책의 저자
델라 포르타

…돌 중에 가장 중요한 것,
가장 칭송해야 할 것은
자석이다.
자석 속에는 자연의 장엄함이
가장 잘 나타나 있다.
이 세상에 자석보다
더 놀라운 것이 있겠는가.
어쩌고저쩌고….

책 속에는
자석에 대한 신기한 사실과
엉터리 소문, 미신이 뒤섞여 있었는데

차례를 보면

사람들 대부분이 이 책의 이야기를 믿을 만큼
자석은 몹시 신비한 물질이었어.

전해 내려오는
이야기에 따르면
자석을 제일 처음 발견한
사람은 2500년쯤 전에
살았던 튀르키예의
양치기 소년인데

바위산을 오르내릴 때
미끄러지지 말라고
아버지가 소년의
신발에 쇠 징을 박아
주었어.

바위산을 걸어가는데
바위가 자꾸
소년의 발을
잡아당기는 거야.

소년은 너무 무서워 벌벌 떨면서
산에서 내려왔고
사람들에게 이상한 바위에 대해 알려 주었어.

신비한 돌에 대한 소문이
널리 널리 퍼져 갔어.

사람들은
땅에서 자성을 띠는 돌을 캐내
부적처럼 지니고 다녔어.

아내들은 베개 속에
자석을 숨기면 남편이 바람을
안 피운다고 믿었고

도둑들은 물건을 훔치기 전에
먼저 자석으로 주문을 걸었어.

천연 자석은
금과 은보다 비쌌고

만병통치약으로 쓰였어.

중국에서는
자석으로 나침반을 발명했는데
나침반만 있으면
바다에서 길을 잃을 걱정이 없어.

하지만 사람들은 몰랐어.
자석이 왜 쇠를 잡아당기는지
나침반 바늘이 왜 언제나 북쪽을 가리키는지
여러 가지 가설이 난무했는데….

1. 자석 속에 유령이 숨어 있다
2. 북쪽에 거대한 자석 산이 있다
3. 북극성이 끌어당긴다

어느 게 맞을까?

바야흐로 1600년,
자석에 관한 엄청난 비밀이
세상에 알려지게 돼.
여기 유럽의 끝 영국,

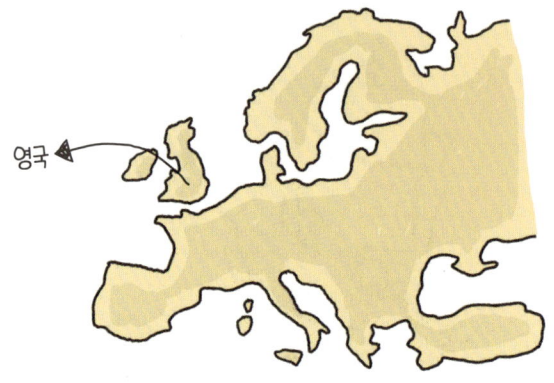

으리으리한 대저택에
18년 동안 자석을 연구하고 있는
과학자가 살고 있었어.

윌리엄 길버트는
대학에서 문학과 의학 박사 학위를 받고
유명한 의사가 되었고
국왕 엘리자베스 1세와 제임스 1세의 주치의로 일했어.

길버트는 부유한 의사였는데
어마어마한 돈을 과학 연구에 쏟아 부을 만큼
자연과 우주에 대해
호기심과 열정이 남달랐어.
어느 날 길버트는
나침반에 대한 이야기를 들었어.

윌리엄 길버트는 당장
자석 연구를 시작했어.

그런 다음

그 위에 자철석을 올려 놓았어.

길버트는
자석에 관한 소문과 미신이
진짜인지 알아보려고
실험을 계속했어.

마늘을 자석 가까이
가져가보고

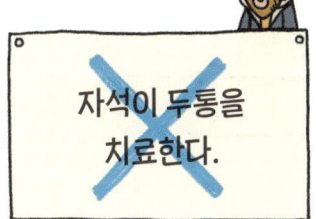

두통이 있는 사람의
머리에 자석을 얹고

자석을 끓여 보고

떠돌고 있는 소문과 미신들 중에
틀린 것들을 일일이 실험으로 가려냈어.

길버트는 자석에 관하여
많은 것을 알게 되었어.

❶ 자석을 쇠못에 문지르면

쇠못이 잠시 동안
자석이 된다는 것

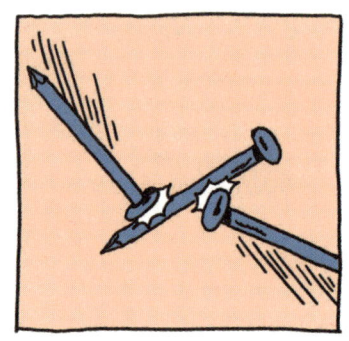

❷ 자석에는 당기는 힘과
미는 힘이 있다는 것

❸ 자석을 반으로 잘라도
다시 자석이 된다는 것

실험을 하는 동안,
길버트의 머릿속에
떠나지 않는 질문이 하나 있었어.

어느 날 길버트는
자철석을 깎아 공 모양으로 만들고
표면 위에 자석 바늘을 여러 개 올려 보았어.

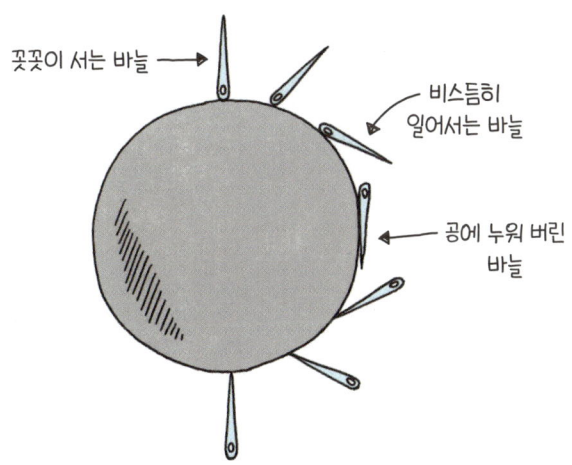

바늘이 아무렇게나 붙는 것이 아니라
이런 모양이 되는 게 아니겠어?

자석 공으로 실험해 보고
길버트는 위대한 착상을 하게 되었어.

만약에 지구가 자석으로 된 거대한 공이라면… 어떨까.

윌리엄 길버트는 계속 생각했어.
막대자석에 두 극이 있는 것처럼

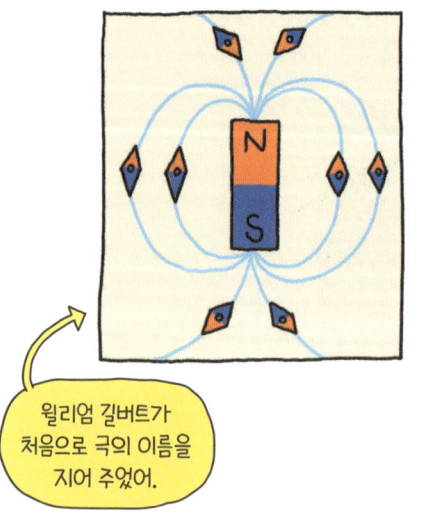

윌리엄 길버트가 처음으로 극의 이름을 지어 주었어.

어쩌면
지구에도 극이 있어서

나침반 바늘이 극을 향해
움직이는 게 아닐까?

윌리엄 길버트는
자석에 관한 연구와 실험을 담아 책을 냈어.

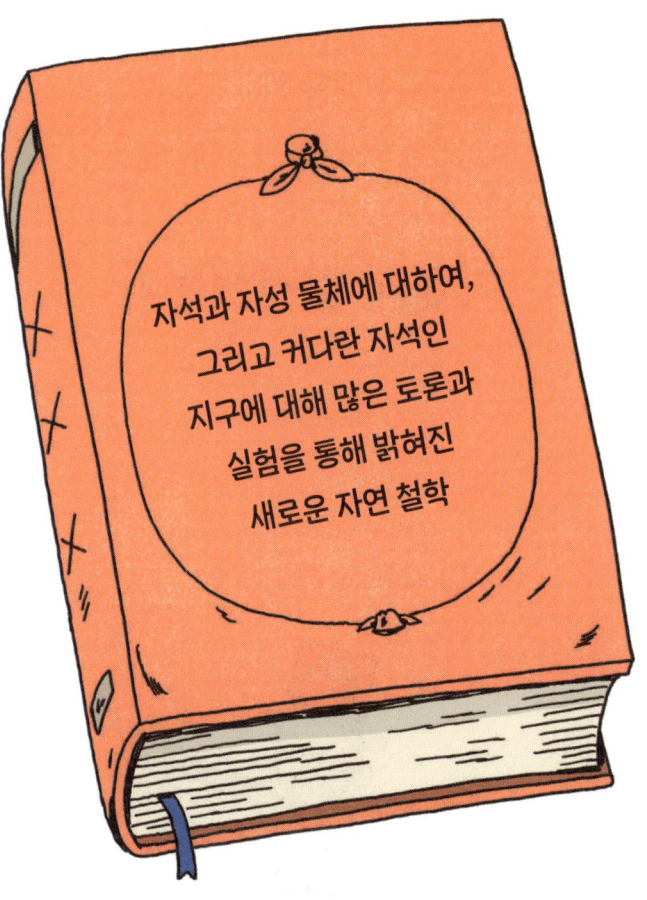

자석과 자성 물체에 대하여,
그리고 커다란 자석인
지구에 대해 많은 토론과
실험을 통해 밝혀진
새로운 자연 철학

제목이 너무 길다고?
옛날 사람들은
책 제목을 기다랗게 붙이길 좋아했어.
하지만 오늘날엔 줄여서 그냥
길버트의 《자석 이야기》라고 불러.

400년 전에 써졌는데도
자석에 대하여
자세히 연구하고 싶은 사람은
지금도 이 책을 읽어야 해.
이 책에서 가장 중요한 것은
윌리엄 길버트가

무엇을 발견했는가가 아니라

어떻게 발견했는가

하는 거야.

윌리엄 길버트는 책 속에
실험 과정을 자세히 적어 놓았는데

다른 과학자들이 똑같이 실험해 볼 수 있도록
실험을 고안하고 방법을 자세히 설명하는 것은
과학 연구에서 아주 중요한 일이야.
윌리엄 길버트가 처음으로 그 길을 닦아 놓았어.

400년이 더 지난 지금
우리는 학교에서 길버트가 알아낸
자석의 원리를 배워.

그런데 말이야⋯.

지구는 정말 자석일까?
옛날에 길버트는 지구 속에 쇳덩어리가
들어 있을 거라 추측했는데

거대한 쇠

훗날에 과학자들이 알고 보니
지구 속은 이렇게 생겼어.

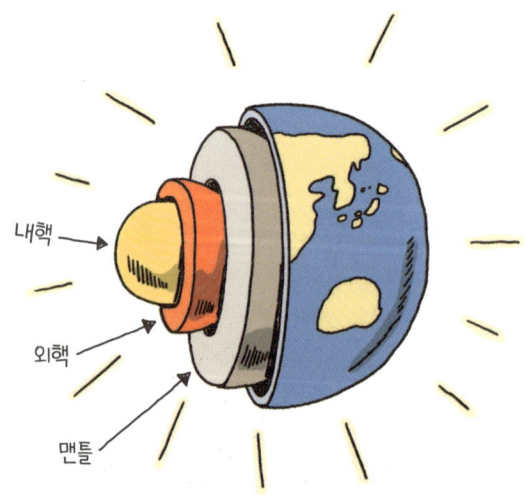

내핵
외핵
맨틀

지구 속 외핵이
뜨겁게 출렁이며 회전하는
액체 금속으로 되어 있어서
지구에 자기장이 생겨!

갈릴레오, 최초로 망원경을 하늘로 치켜들다

그럴 무렵,
이탈리아에서 조르다노 브루노라는 수도사가
광장에서 화형을 당했어.
무슨 일일까?

브루노가 이상한 우주론을
주장하고 다녔기 때문인데

*지구는 우주의 중심이 아니야.
태양도 수많은 별들 중의 하나일 뿐
수많은 별들마다 지구 같은
행성들을 거느리고 있어.*

겨우 이런 주장 때문에
죽임을 당한다고?

브루노는 대학에서 수학과 물리학을 가르쳤는데
지구가 태양을 돈다는
코페르니쿠스의 생각을 받아들였어.
하지만 지동설보다 더 위험한 생각은
우주가 무한하다는 것이었어!

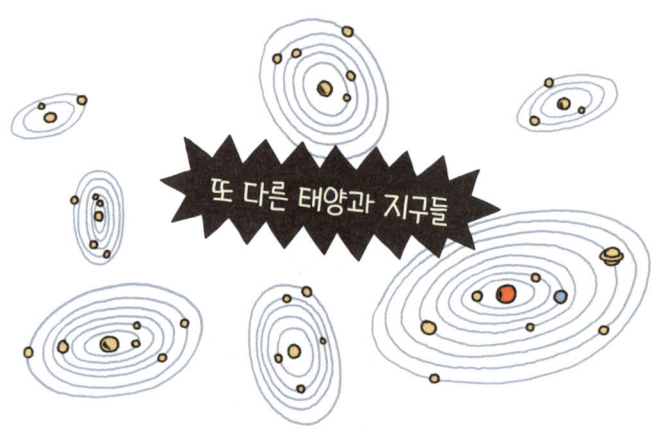

브루노에 따르면 지구도 태양도
신의 특별한 창조물이 아니게 돼.
브루노는 신성 모독으로 8년 동안
지하 감옥에 갇혔고 재판을 받았어.

브루노는 신이 무한한 존재이므로
우주도 무한할 것이라 확신하며 말했어.

브루노는 400년도 더 전에
현대 우주론에 가장 가까운 놀라운 생각을 했지만
세상에 받아들여지지 않았어.
도리어 자신의 우주론을 부인하지 않은 죄로
죽임을 당하며
1600년에 세상을 떠들썩하게 한 사건으로
기록되었을 뿐이야.

브루노가 화형을 당한 곳에서 그리 멀지 않은 도시에
갈릴레오 갈릴레이가 살고 있었어.
재판관 앞에서 지동설을 부인했지만
뒤돌아서 '그래도 지구는 돈다'고
궁시렁거렸다는 그 유명한 과학자 말이야.

갈릴레오 갈릴레이
이탈리아 파도바 대학의
수학, 물리학 교수

1608년, 갈릴레오 갈릴레이는
먼 곳을 볼 수 있다는
신기한 발명품에 관한 소문을 들었어.

멀리 네덜란드에서
안경 가게의 견습생 한스 리퍼세이가
어느 날 우연히 망원경을 발명했는데

어쩌다 렌즈 2개를 겹쳐 보았어.

놀랍게도 멀리 있는 물체가
가까이 보이는 게 아니겠어?
한스는 기다란 통에 렌즈를 넣었어.

최초의 망원경이 탄생하는 순간이야.

교회 탑이 눈앞에 있는 것처럼 보이고
건너편 상점의 생선이
식탁 위에 있는 것처럼 잘 보여.

망원경은 귀중품을 파는 상점에서
어른들의 비싼 놀잇감으로 팔려 나갔어.

갈릴레오는 이웃 나라의 소식을 듣고
유리 가게로 달려갔어.
아는 것이라고는
렌즈 2개로 만든다는 것뿐이었지만
망원경 만들기에 도전했어.

갈릴레오는 과학 도구를 만드는
부업을 하고 있었는데 솜씨가 좋았어.
몇 달 뒤에
한스의 망원경보다 훨씬 뛰어난
망원경을 만드는 데 성공했어.

그걸로 무얼 했을까?
사람들이 망원경을 신기한 놀잇감으로만 여길 때
갈릴레오는 처음으로 망원경을 하늘로 치켜들었어!

갈릴레오는 그때까지 지구에 살았던
사람들 중 가장 많은 별을 본 사람이야!

갈릴레오는 하늘을 가로지르는
은하수의 정체가 무엇인지
처음으로 알아냈어.

은하수는
수없이 많은 별들이
모여 있는 거야!

그리고
갈릴레오는 달을 관찰했어.

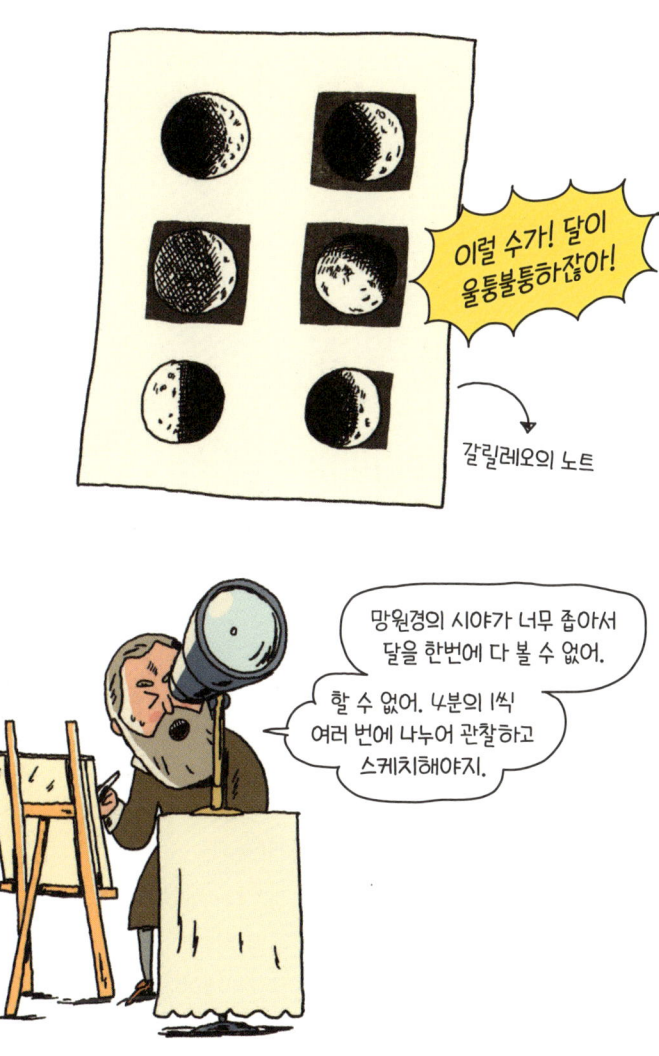

사람들은 달이 매끄럽고
단단하고 반들반들 빛나는 천체라 생각했는데
아니었어!

달에도

갈릴레오는
달에 있는 산의 높이도 재었는데
달 표면에 비치는
산의 그림자 길이를 이용해 계산했다는 거야.
오늘날의 첨단 망원경과는 비교도 안 되게
성능이 낮은 망원경이었을 텐데
놀랍지 않아?

그뿐만이 아니야.
갈릴레오는 실명의 위험을 무릅쓰고
태양을 관찰했는데

태양에 검은 반점이 있었어!

→ 갈릴레오가 그린
태양의 흑점 지도

갈릴레오는
처음으로 태양의 흑점 지도를 그렸어.
200년쯤 뒤에
과학자들이 흑점의 정체를 밝혀냈어.

태양의 흑점은
주기적으로 변하고 있어.

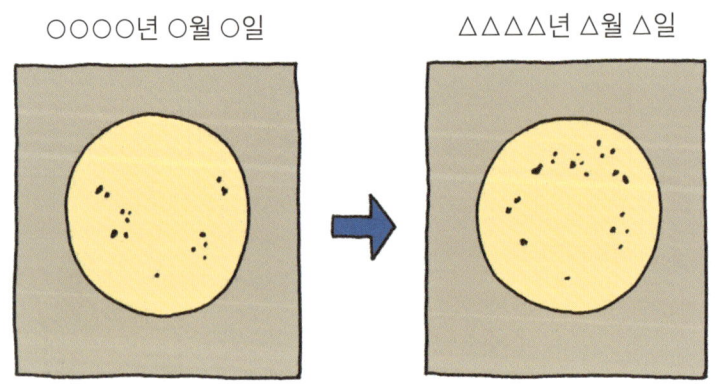

갈릴레오가 그리기 시작한 태양의 흑점 지도를
400년째,
과학자들이 지금도 그리고 있어.
이따금 흑점이 폭발해
인공위성과 GPS에 영향을 주기 때문이야.

갈릴레오가 흑점을 발견하기 전에
사람들은 태양은 흠 하나 없이
완벽하고 매끄럽게 빛나는 천체인 줄 알았는데
아니었어!

갈릴레오가 관측한 우주의 모습은
사람들이 믿었던 생각과 완전히 달랐어.
사람들은 하늘의 모든 천체가
지구를 도는 줄 알았지만
어느 날 갈릴레오는

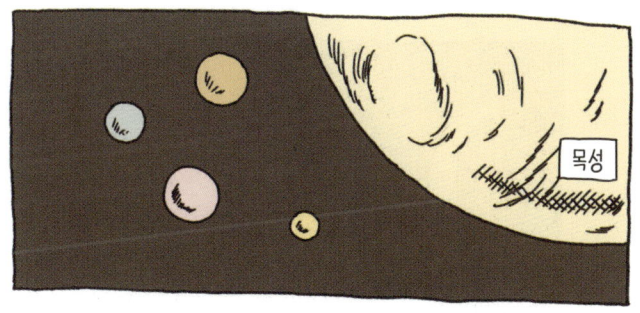

목성을 도는 발칙한 천체들을

4개나 발견하게 되었어.

갈릴레오는 코페르니쿠스나 브루노와 달리
지동설을 주장만 하지 않고 증명하려 했어.

갈릴레오는 몇 달 동안 망원경으로 금성을 관찰했어.
그리고 지금까지 맨눈으로 볼 수 없었던
기이한 현상을 발견했어.

금성의 크기가 변하는 거야.
그게 무슨 뜻인지 갈릴레오는 단박에 알아챘어.

금성은 지구와 가까워지기도 하고 멀어지기도 해.
지구와 가까울 때는 커다란 초승달 모양으로 보여.
멀 때는 작은 보름달처럼 보여.
금성이 지구를 돈다면 있을 수 없는 일이야.

금성이 — 태양을 — 도는 거야!

**금성이 태양을 돌고 있는 것처럼
다른 행성들과 지구도
태양을 도는 게 옳아!**

갈릴레오는 1610년,
자신이 발견한 놀라운 이야기를
작은 책으로 펴내 메디치 가문에 헌정했어.

갈릴레오는 대학에서 더 높은 연봉을 받게 되었고

아주 유명해졌어.
하지만 교황청과 대부분의 사람들은
갈릴레오의 발견을 재밋거리로만 생각했어.

교황청과 사람들은 결코 생각을 바꾸려 하지 않았어.
지동설은 여전히 금지되었어.

하지만 갈릴레오는 입을 다물 수 없었어.
어느 날,
자신의 주장을 뒷받침할 책을
또 한 권 쓰고 말았어.
책에서 두 사람이
우주의 모습을 놓고 토론을 벌여.

교회의 고위 성직자들이
책을 보고 화를 냈어.

갈릴레오는 로마의 교황청으로 불려 갔어.
어느 새 68세가 된 갈릴레오는
무릎을 꿇고
큰 소리로 반성문을 읽어야 했어.

그리고 물론 이런 말도 해야 했어.

그리고 재판장에서 나오며
그래도 지구는 돈다고
중얼거렸다는 이야기가 전해 와.

어떤 역사학자들은
이것이 사실이 아니라 말하지만
진실은
갈릴레오가 우주의 진짜 모습에 관한
자신의 믿음을 바꾸지 않았다는 거야.

**1642년 1월 8일,
갈릴레오는 집에서 숨을 거두었어.**

로마 교황청은 갈릴레오의 책을
금서로 지정했을 뿐 아니라
갈릴레오의 무덤에
비석도 세우지 말라 명령했어.

2권에 계속

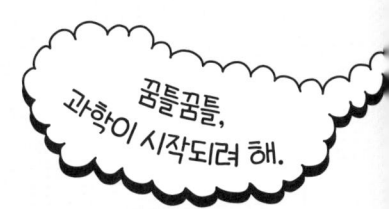
꿈틀꿈틀, 과학이 시작되려 해.

참고 도서

루치아노 데 크레센초 지음, 《이야기 그리스 철학사 1, 2》, 문학동네, 1997

요하네스 헴레벤 지음, 《갈릴레이》, 한길사, 1998

윌리엄 길버트 지음, 박경 옮김, 《자석 이야기》, 서해문집, 1999

제임스 맥리클란 지음, 이무현 옮김, 《물리학의 탄생과 갈릴레오》, 바다출판사, 2002

제이콥 브로노우스키 지음, 김은국·김현숙 옮김, 《인간 등정의 발자취》, 바다출판사, 2004

야마모토 요시타카 지음, 이영기 옮김, 《과학의 탄생》, 동아시아, 2005

진 벤딕 지음, 이혜선 옮김, 《과학의 문을 연 아르키메데스》, 실천문학, 2005

진 벤딕 지음, 전찬수 옮김, 《의학의 문을 연 갈레노스》, 실천문학, 2006

에릭 뉴트 지음, 이민용 옮김, 《쉽고 재미있는 과학의 역사》, 이끌리오, 2007

칼 세이건 지음, 홍승수 옮김, 《코스모스》, 사이언스북스, 2011

존 헨리 지음, 노태복 옮김, 《서양 과학 사상사》, 책과함께, 2013

정갑수 지음, 《호모 사이언티피쿠스》, 열린과학, 2017

레오나르드 믈로디노프 지음, 조현욱 옮김, 《호모사피엔스와 과학적 사고의 역사》, 까치, 2017

안드레아스 베살리우스 지음, 엄창섭 해설, 《사람 몸의 구조: 베살리우스 해부도》, 그림씨, 2018

존 그리빈 지음, 권루시안 옮김, 《과학을 만든 사람들》, 진선북스, 2021

윌리엄 바이넘 지음, 고유경 옮김, 《과학의 역사》, 소소의책, 2023

니콜라우스 코페르니쿠스 지음, 김희봉 옮김, 《천구의 회전에 관하여》, 엠아이디, 2024

과학사를 알면 과학이 재밌어!

과학의 발전과 함께 하나둘 호기심이 풀려 가는 과정, 그 역사를 살펴보는 **어린이 과학사**입니다.

- ❶ **과학자의 탄생** 석기 시대–1599년
- ❷ **실험과 증명** 1600년–1799년
- ❸ **발명의 시대** 1800년–1879년
- ❹ **위대한 발견** 1880년–1949년 (발간 예정)
- ❺ **미지의 세계** 1950년–현재 (발간 예정)

김성화·권수진 지음 × 조승연 그림